SUPERFOOD
SÄFTE

100 REZEPTE FÜR LECKERE POWERSÄFTE

SUPERFOOD SÄFTE

JULIE MORRIS

Autorin von *Superfood Küche*
und *Superfood Smoothies*

Deutsche Übersetzung Dr. Juliane Molitor

KÖNIGSFURT–URANIA

Bibliographische Information der Deutschen Nationalbibliothek
Die Deutsche Nationalbibliothek verzeichnet diese Publikation in der Deutschen Nationalbibliographie; detaillierte bibliographische Daten sind im Internet über http://dnb.d-nb.de abrufbar.

Deutsche Erstausgabe
1. Auflage
Krummwisch bei Kiel 2015

© 2015 für die deutschsprachige Ausgabe
by Königsfurt-Urania Verlag GmbH
D-24796 Krummwisch
www.koenigsfurt-urania.com

Titel der amerikanischen Originalausgabe:
Superfood Juices. 100 Delicious, Energizing and Nutrient-Dense Recipes.
© 2014 by Julie Morris, www.juliemorris.net
Photography © 2014 by Julie Morris
Erschienen 2014 bei Sterling Publishing Co., Inc., New York City / USA,
www.sterlingpublishing.com

Umschlagdesign: Julie Morris und Sterling Publishing.
Fotos: © Julie Morris, mit Ausnahme der Fotos auf den S. 74: © Lukas Gojda, S. 75: © Mara Zemgaliete,
S. 92 und 93: © Africa Studio – alle Fotolia.com
Herausgegeben von Johannes Fiebig
Übersetzung aus dem Amerikanischen: Dr. Juliane Molitor
Lektorat: Nicola von Otto, Claudia Lazar und Carlson Reinhard
Satz und Layout: Antje Betken, Oldenbüttel
Druck und Bindung: Finidr s.r.o.
Printed in EU 2015

ISBN 978-3-86826-135-6

INHALT

VERBLÜFFENDE VERÄNDERUNG!, gefolgt von einer ganzen Reihe weiterer Ausrufezeichen, bunten Grafiken und mit Photoshop bearbeiteten Bikinifotos sind nicht das, womit ich meine ganz persönliche „Saftgeschichte" aufpeppen kann. Ich muss zugeben, mein Start in die Welt der verjüngenden Säfte ist keine spektakuläre Geschichte, aus der Werbeträume gemacht sind. Nein, ganz am Anfang hatten wir einfach eine Party …

Lassen Sie mich Ihnen ein wenig von den kurzen Wochen erzählen, die den „Sommer" in Portland, Oregon, ausmachen: Sie sind reine Peter-Pan-Magie. Ein schimmerndes Glühen liegt über allem, als hätte die Sonne nichts Besseres zu tun, als auf die wunderbare Stadt zu scheinen und Fröhlichkeit zu verbreiten … ein enormer Kontrast zu der diesig-grauen Wolkendecke, die den Rest des Jahres über der Skyline hängt. Die typische Sommerszene aus Portland ist wie ein Bühnenbild aus einem Musical: Fahrradfahrer überall, winkende Nachbarn, winkende Fremde, Straßenkunst jeder Couleur (jetzt wissen Sie, wo alle meine peinlichen Gemälde aus der Collegezeit herumgeistern), Künstlercafés, eines besser als das andere, Parks mit viel Gras, Picknicks im Gras in den Parks, wilde Knutschereien in Parks mit viel Gras, jede Menge verdammt gute Musik, jede Menge absolut grauenhafte Musik, alle Arten lokaler Köstlichkeiten, von authentischer Thai-Küche über vegane

Hausmannskost bis zu preisgekrönter Sterneküche; überall Blumen und eine Spielplatzatmosphäre, die über der ganzen Stadt liegt und „Man kann immer Spaß haben" zum Mantra hat. Bis heute wünschte ich, ich hätte eine Handykamera gehabt, als ich damals eine belebte Straße hinunterlief und sah, wie ein Mann, der aus irgendeinem Grund als Batman verkleidet war, an einem anderen Mann vorbeiging, der ebenfalls als Batman verkleidet war, und wie sich die beiden dann abklatschten, bevor sie mit dem weitermachten, was man halt so macht, wenn man als Batman verkleidet ist. Wenn in Portland irgendjemand „warum?" fragt, ist „darum" eine mehr als akzeptable Antwort. Und ein paar Jahre lang spielte ich eine sehr wichtige Rolle in diesem kunterbunten Bildteppich: Ich war das „Saftgirl".

Zu dieser Zeit arbeitete ich bei einer lokalen Biosaftfirma in Familienbesitz, wo der beste frisch gepresste Saft weit und breit gemacht wurde (sie hatten einen Obsthof eine Stunde außerhalb in Hood River, wo sie viele ihrer Produkte selbst anbauten) – eine Beschäftigung, die meine Angewohnheit, gelegentlich Saft zu trinken, ehrlich gesagt in schwindelerregende Höhen trieb. Wie so oft in Portland war das Anforderungsprofil des Jobs ziemlich beliebig, und eine meiner Aufgaben bestand darin, verschiedene Reformhäuser, Genossenschaftsläden, Events und Festivals zu besuchen und die Leute zu animieren, unseren Saft zu probieren. Dies war definitiv die Art von Job, die einfach fantastisch ist und kaum echte Fähigkeiten erfordert, weil man nur drei simple Dinge tun musste:

1. Herumstehen.
2. Mit Leuten sprechen.
3. Saft trinken.

Allein aufgrund der Vielzahl von Menschen, mit denen ich jede Woche über Saft sprach, und weil ich so oft dieselben Treffpunkte Gesundheitsbewusster in der Stadt besuchte, war es praktisch unausweichlich, dass ich allmählich eine Art „saftigen" Ruf bekam. Aber was mich an diesem lokalen „Ruhm" mehr als alles andere amüsierte, war, dass er sich nicht nur auf normale Stamm-

kunden von Bioläden beschränkte. Er breitete sich in ganz Portland aus. „Oh hallo, du bist das Saftgirl", sagte der stark tätowierte Typ erstaunt, als er sein Fahrrad direkt neben mir am Straßenrand abschloss. Ja, ich war das Saftgirl.

In meinem zweiten Sommer in Portland beschlossen meine Nachbarn und ich, ein Straßenfest zu veranstalten. Sie wissen schon, diese Art von Party, bei der man ein abgesperrtes Stück Straße mitten in der Stadt mit Musik, Alkohol und so vielen Leuten wie möglich füllt (weil man in Portland so was offenbar einfach machen kann). Ich wurde – Sie ahnen es schon – mit der hochwichtigen Aufgabe betraut, Saft zu beschaffen – ganz klar ein Job, den ich bewältigen konnte. Das Saftlager, in dem ich arbeitete, war mit einem begehbaren Kühlschrank ausgerüstet, der locker viermal größer war als das Apartment, das ich damals bewohnte, und im Grunde ein wahrer Safthimmel: Behälter über Behälter voller Säfte jeder Sorte, jeder Farbe und jeden Geschmacks, einer köstlicher als der andere, gestapelt und bereit, in der ganzen Stadt ausgeliefert zu werden. Weil sie alle frisch gepresst und nur kurz pasteurisiert waren, konnten die Säfte nicht besonders lange gelagert werden, was bedeutete, dass immer Saft übrig war, der entweder für wohltätige Zwecke gespendet oder von durstigen Angestellten genossen wurde. Ich brachte den überschüssigen Saft – Grapefruit, Roter-Ingwer-Limonenwasser, Karotte, Mango, was immer Sie sich vorstellen können – mit zu unserem Straßenfest, als sei es

mein Job, ihn an die Leute zu verteilen und die ganze Stadt zu laben.

Unsere Party entwickelte sich genau so, wie sich jede tolle Party entwickelt: ein emsiges Netzwerken von Freund zu Freund, zu Freunden von Freunden, zu Freunden flüchtiger Bekannter von Freunden und zu Menschen, die dort eigentlich gar nichts verloren hatten (aber natürlich trotzdem willkommen waren) – bis hin zum Feuertänzer, der zufällig kurz nach Mitternacht für eine kleine Darbietung aufkreuzte. Und während mein Nachbar immer noch schmollte, weil es uns nicht gelungen war, die ganze Straße mit Sand zu füllen, wie er so sehr gehofft hatte, war meine Saftspende ein ganz großer Treffer. Obwohl wir am Ende des Abends noch Essen und sogar Alkohol übrig hatten, kann ich voller Stolz sagen, dass der Saft komplett weg war. Es war buchstäblich kein einziger Tropfen mehr da. Aber das wunderte mich auch nicht wirklich. In meiner Arbeit als Saftgirl ist mir eine Sache mehr als klar geworden: *Jeder. Liebt. Saft.*

Als Babys konsumieren wir Muttermilch als perfekte nährstoffreiche Quelle, aus der wir die Mineralien, Vitamine, Proteine und Zucker bekommen, die wir brauchen, um zu wachsen. In vielerlei Hinsicht ist Saft so etwas wie die Erwachsenenversion dieser Milch. Er ist einfach zu konsumieren, leicht zu verdauen und vollgepackt mit Nährstoffen. Tatsächlich kann das Konsumieren des Äquivalents einer ganzen Obstschale oder eines Korbs voll Gemüse nur ein paar bequeme, köstliche Schlucke entfernt sein. Saft zu trinken bietet ein instinktives Vergnügen und ein natürliches Hochgefühl. Es bringt ein gutes Gefühl, schmeckt gut und macht Lust auf mehr. Unser Körper saugt diese angenehme, tief aus dem Bauch kommende Erfahrung auf wie ein Schwamm, und wir fühlen uns anschließend voller Energie.

Eine Woche nach unserem Straßenfest „arbeitete" ich (siehe das zuvor erwähnte Anforderungsprofil) bei einem Freiluft-Event, wo ich wieder für Saft warb. Eine junge Frau kam auf mich zu. „Ich *liiiebe* diese Säfte", gurrte sie, während sie ein Probierglas leerte. „Ich mische ihnen gern alle meine Lieblingskräuter bei und lasse sie damit noch verblüffender schmecken. Oh – ich glaube, den hatte ich auch letzte Woche auf einem Straßenfest …" Und dann schwebte sie davon, um ein bisschen Schokolade zu verkosten. Obwohl ich die Bemerkung zum Straßenfest nicht überhört hatte, interessierte mich viel mehr die Sache mit dem *Hinzufügen von Kräutern* zu ihrem Saft. Warum hatte ich das noch nie probiert? Warum hatte ich – abgesehen davon, billiges Bier mit Limonenwasser zu mischen – diesen Säften nie *irgendetwas* hinzugefügt?

Auf dem Nachhauseweg kaufte ich im Lebensmittelladen ein paar Bündel Petersilie und Minze, etwas Klettenwurzel und ein paar andere Dinge, die meine Fantasie anregten. Weil ich immer fertig zubereitete Säfte im Überfluss zur Verfügung hatte, war ich entsprechend verwöhnt und hatte selbst schon lange keinen Saft mehr gemacht. Ich ging also nach Hause, nahm meinen

Entsafter vom obersten Regalbrett, staubte ihn ab und presste die frischen Sachen damit aus. Natürlich schmeckte die Mischung allein fürchterlich. Aber als ich etwas Karotten-Rote-Bete-Saft dazumischte, schmeckte sie plötzlich göttlich. Das Hinzufügen der Kräutersäfte verbesserte den Geschmack des ursprünglichen „einfachen" Gemüsesafts noch mehr. So angestachelt, probierte ich Weiteres aus, leerte ein paar der Superfood-Pulverbehälter, die ich noch im Schrank hatte, und rührte sie in den Saft. Ich mischte ein wenig gekauftes Grünpulver aus getrocknetem und gemahlenem Gemüse dazu. Unglaublich, das schmeckte auch großartig. Dann probierte ich noch eine Reihe anderer Ergänzungen aus – Proteinpulver und Kräutertinkturen. Nicht schlecht. Ich erkannte, dass die Säfte, mit denen ich normalerweise arbeitete, zwar wirklich toll waren, ihr Potenzial für die Gesundheit aber zu wünschen übrig ließ. Es gab so viel mehr, was man mit Saft machen konnte!

Ende 2008 war es Zeit für mich, meine vierjährige Beziehung mit Portland zu beenden und ins sonnige Südkalifornien zurückzukehren. Mittlerweile arbeitete ich für ein paar andere Naturkostunternehmen und hatte die Saftgirl-Krone ohne großes Zeremoniell an jemand anderen weitergegeben. Doch als ich meine ganzen Sachen ins Auto gepackt hatte, wusste ich, dass ich, bevor ich die Stadt verließ, noch einen allerletzten Besuch machen musste: bei meinem Lieblingsgenossenschaftsladen um die Ecke. Ich brauchte einen Saft.

Meine eigene Küche ist heute zu einem gewissen Teil eine richtige Saftfabrik. Der Kühlschrank quillt über von frischen Sachen, die Theke auch und manchmal sogar der Herd – wo auch immer Platz ist. Der Entsafter hat seine eigene Ecke, und auf dem Komposthaufen wird es nie einsam. Das Heranschleppen der Produkte von den Bauernmärkten lohnt sich zusätzlich als Workout für die Arme, und es macht mich glücklich, wenn sich Freunde bei mir einladen – nicht zum Wein oder zum Tee, sondern zum Saft. Ich hatte mehr freiwillige Geschmackstester für dieses Buch, als ich brauchen konnte. Ich liebe – *liebe* – einen gemütlichen Samstagmorgen, wenn die Sonne durchs Fenster scheint und mein süßer Hund zu meinen Füßen darauf wartet, dass etwas für ihn abfällt, während ich eine Handvoll frisches Obst, Blattgemüse, Wurzeln und andere Produkte in den Entsafter stopfe, um aufregende Aromen und Genüsse zum Fließen zu bringen. Das ist eine absolut kraftvolle Empfindung, ein überwältigend gutes Gefühl, sowohl in Bezug auf die Herstellung als auch auf die enorm verjüngenden und köstlichen Ergebnisse.

Wirklich, es geht nichts über Saft.

Cheers, Julie

VORBEMERKUNG ZUR DEUTSCHSPRACHIGEN AUSGABE

Superfood-Säfte – das ist der schnelle, leckere Weg zu Kraft und Erneuerung mit Superfood-Nährstoffdichte. Ein gesunder Anschub mit natürlicher Spitzennahrung, dem Besten, was uns die Natur bietet.

Dieses *Glück in Gläsern* beruht auf der Verbindung von Kochkunst und Nahrungskunde. Julie Morris ist eine Pionierin auf diesem Gebiet, zugleich auch eine Meisterin. Und ihre Botschaft kommt an: „Ich glaube daran", sagte sie in einem Interview, „dass immer mehr Menschen sich gut ernähren wollen und lieber vollwertige Nahrung mit vielen guten Nährstoffen zu sich nehmen als ‚leere Kalorien'."

Risiken und Nebenwirkungen – Manche Superfoods sind gut erforscht, wie Granatäpfel, Brokkoli und Gojibeeren. Viele Details der *sekundären Pflanzenstoffe* etwa werden noch untersucht und zu neuen Erkenntnissen führen. Das größte Risiko besteht in der Übersäuerung, Verfettung und Mangelernährung des Körpers durch viele herkömmliche Ernährungsgewohnheiten. Wenn Sie auf Vielfalt und Abwechslung in den Speisen, auch beim Einsatz von Superfoods, achten, gehen Sie den sichersten Weg!

Anmerkungen zur deutschen Übersetzung: wurden im Text mit dem Kürzel **„Anm.d.V."** eingefügt (Anmerkungen des Verlags).

Der Verlag

TEIL EINS

GRUNDLAGEN DER SAFTZUBEREITUNG

Die Superfood-Saftküche ist sehr inspirierend. Strenge Regeln und Diätdogmen ersetzt sie durch gesunde Ermunterung und reizvolle Wahlmöglichkeiten. Alles, was den Weg in diese Küche findet – von neuem Wissen über stärkende Zutaten bis hin zu vitalisierenden Rezepten – motiviert positiv. Dies ist eine Küche, die die heilsamen Kräfte von Superfoods und Säften mit all ihren köstlichen, lebensverändernden Eigenschaften erkennt und wertschätzt.

DIE SAFT-KRAFT

„Saft schafft Kraft": Wir befinden uns mitten in einer echten Saftrevolution. Saft-Bars und „Saft-Läden" schießen vielerorts wie Pilze aus dem Boden. Und Saftkuren sind ein verbreitetes Gesprächsthema, ob nun mit Säften aus dem Bioladen oder dem Reformhaus oder ob mit Säften zur inneren „Reinigung", die man speziell bestellen und sich nach Hause schicken lassen kann. In der Tat ersetzt eine „Reinigung" oder „Entgiftung" in der Vorstellung von immer mehr Menschen jede Diät. Angesichts dieser rasant ansteigenden Popularität kann man sich nur verwundert fragen: „Was ist eigentlich drin in so einem Saft?" Die Antwort ist: eine ganze Menge.

Wenn wir essen, versuchen wir in der Regel nur, unseren Appetit zu befriedigen und den Hunger zu stillen – ein schnelles Sandwich hier, ein schwarzweißer Keks da. An die zwei Drittel der Kalorien, die in der westlichen Welt durchschnittlich aufgenommen werden, stammen aus gesättigten Fettsäuren, Zucker und Weißmehl. Wenn wir unseren Körper durch das Essen von „leeren Kalorien" derart übers Ohr hauen und ihm wesentliche Nährstoffe vorenthalten, haben wir unweigerlich ganz schnell wieder Hunger. Letztlich nehmen wir, um uns energiegeladen zu fühlen, sehr viel mehr Kalorien zu uns, als wir täglich brauchen. Säfte hingegen befinden sich am anderen Ende des Spektrums. Sie sind verdichtete essenzielle Nährstoffe in kalorienarmer, flüssiger Form und enthalten alles, was unserer Standardernährung fehlt. Obwohl es einem zunächst seltsam vorkommen mag, Saft als „Essen" zu bezeichnen, werden Ihnen alle, die entsprechende Erfahrung mit Säften haben, liebend gern (und nicht ganz zufällig vermutlich recht energisch) sagen, wie bemerkenswert kraftvoll und zufrieden sie sich nach dem Genuss eines frisch gepressten Getränks fühlen.

Diese Zufriedenheit ist hauptsächlich auf die leichte Verdaulichkeit der Nährstoffe zurückzuführen. Der Magen ist im Prinzip ein Mixer, und es kostet den Körper eine Menge Energie, die Nahrung aufzuspalten (denken Sie nur daran, wie lethargisch Sie nach einer schweren Mahlzeit sind). Wenn Sie Saft konsumieren, ist der Abbauprozess enorm reduziert – und mit ihm die Verweildauer der Nahrung im Magen. Flüssige Nährstoffe werden schneller verdaut und absorbiert. Deswegen spüren Sie die positive Wirkung der Säfte oft sofort. Jeder Teil des Verdauungsprozesses wird davon beeinflusst, von der schnelleren Aufspaltung der Nahrung im Magen über eine zügige Aufnahme in die Blutbahn bis hin zu einer effizienteren Aufnahme von Nährstoffen in die Zellen – und eine schnellere Ausscheidung von Giftstoffen und Abfällen über Darm, Nieren und die Haut. Kurz gesagt werden wir zum Inbegriff einer gut geölten Maschine, wenn wir regelmäßig frische Säfte konsumieren.

Säfte geben uns auch die Gelegenheit, viele Vorzüge spezieller Ernährungsformen wie Rohkost oder unbelasteter, „cleaner" Vollwertkost zu genießen, ohne uns ihr zu 100 Prozent verschreiben zu müssen. Heute wird empfohlen, täglich fünf bis sieben Portionen frisches Obst und Gemüse zu essen – eine Menge, die man schnell erreicht (oder sogar überschreitet), wenn man einfach ein oder zwei Gläser (250 bis 500 ml) frischen Saft trinkt. Die regelmäßige Aufnahme von Säften über einen Zeitraum von ein paar Wochen kann positive Veränderungen bewirken, die Sie wirklich sowohl fühlen als auch sehen können. Und selbst wenn Ihre Ernährung bereits „blitzsauber" ist, können die zusätzlichen Nährstoffe aus den Säften nur dazu beitragen, Ihre persönliche Messlatte noch etwas höher zu legen. Es gibt immer Luft nach oben, wenn es um ein wenig Selbstverbesserung geht, oder?

VORTEILE VON FRISCHEM SAFT

Weil frischer Saft eine Menge an wichtigen Enzymen sowie bioaktive Vitamine und Mineralien enthält, können Sie damit rechnen, zumindest einige der folgenden Vorzüge zu genießen, unabhängig davon, wo Sie sich auf Ihrer Gesundheitsreise gerade befinden:

- Bessere pH-Balance
- Verbessertes Immunsystem
- Verlangsamte Alterung
- Verbesserte Genesung und Heilung
- Entgiftung und Reinigung auf der Zellebene
- Normalisierte Körperchemie
- Verlust von überschüssigem Körperfett
- „Jüngere" Haut
- Strahlendere Augen
- Mehr Energie
- Verminderter Heißhunger
- Besserer Schlaf
- Bessere Laune und höhere Konzentrationsfähigkeit

SUPERFOOD VERSTEHEN

In meiner Arbeit als Naturkost-Küchenchefin und Rezeptentwicklerin gehört es zu meiner Kochphilosophie, nach den aus ernährungsphysiologischer Sicht allerbesten Nahrungsmitteln Ausschau zu halten – „Superfoods", wie sie oft genannt werden – und dann mit Methoden zu experimentieren, die es uns leicht machen, diese erstklassigen Nahrungsmittel in unseren Alltag zu integrieren.

Mit „Superfoods" meine ich keine „sonderbaren" oder „exotischen" Lebensmittel, und es handelt sich um mehr als um einen wohltönenden Marketing-Begriff. Bei Superfoods geht es vielmehr um das umfassendere Ernährungskonzept der Nährstoffdichte – Superfoods sind die natürlichen Nahrungsmittel mit den meisten gesundheitlichen Vorzügen. Sie enthalten pro Kalorie die größten Mengen an Mikronährstoffen – Vitamine, Mineralstoffe, Antioxidantien und sekundäre Pflanzenstoffe. Mit anderen Worten, sie helfen Ihnen, möglichst viele Nährstoffe mit jedem Bissen oder Schluck zu sich nehmen. Weil es jedoch keine offiziellen, rechtlichen Parameter für die Qualifikation zum Superfood gibt, kann die Definition selbst leicht zum Gegenstand einer Debatte um Begriffe werden. Beispielsweise gehören Gojibeeren zweifellos zu den Superfoods (ausführlich erklärt auf Seite 36), Geleebonbons dagegen selbstverständlich *nicht*. Aber was ist mit Ananas? Man könnte argumentieren, dass die Ananas neben vielen anderen Vorzügen eine wunderbare Vitamin-A- und Vitamin-C-Quelle ist, eine zuckerarme Frucht und ein guter Lieferant von Bromelain, einem Enzym, das entzündungshemmend wirkt. Sollte Ananas also nicht auch als Superfood gelten? Meine Antwort mag Sie überraschen: Es spielt keine Rolle.

Das Wort „Superfood" impliziert eine *Philosophie* des Essens. Es ist nicht einfach nur ein Etikett, das man irgendeinem bestimmten Lebensmittel oder Produkt aufkleben kann. Wenn Sie sich superfood-reich ernähren, bemühen Sie sich ganz bewusst, Nahrungsmittel zu sich zu nehmen, die optimale Gesundheitsvorteile bieten. Wenn wir einmal beim Vergleich von Geleebonbons und Ananas bleiben, ist offensichtlich, dass Geleebonbons niemals als Superfood durchgehen können, weil sie keine Vorteile für die Gesundheit haben, während die Ananas zahlreiche Vorzüge bietet, die sie zum klaren Gewinner machen. Bringen wir nun auch noch die Gojibeeren mit ihrer extremen Nährstoffdichte mit ins Spiel, sind plötzlich sie

ganz klar Superfood, während die Ananas im Vergleich dazu einfach nur noch ein hervorragendes natürliches Nahrungsmittel ist. Kurz, sich superfood-reich zu ernähren, bedeutet eine aktive Einstellung, eine selbstgewählte Verpflichtung, ständig das Beste vom Besten zu suchen – aber nicht, indem man andere Nahrungsmittel ausschließt, sondern indem man so viele kraftvolle, nährstoffreiche Nahrungsmittel wie möglich auf den Tisch bringt (am besten mit einer Vollwerternährung als Basis).

Deshalb Saft ist so spannend. Er verkörpert quasi von Natur aus die Philosophie des nährstoffreichen Superfood. Frisch gepresster Saft ist frei von Füllstoffen, Mehlen, übermäßigem Zucker, Öl, Zusatzstoffen, Konservierungsmitteln und so weiter und besteht rein aus Pflanzen. Egal, ob Sie Obst und Gemüse in Scheiben oder in Würfel schneiden, es ausdrücken oder auspressen: Große Mengen davon frisch zu essen, ist bereits eine „Superfood"-Ernährung, wohltuendes, energieeffizientes Essen vom Feinsten. Dabei gibt es, das muss gesagt werden, keinen schnelleren Weg zu natürlicher Energie, als frisch gepressten Saft zu trinken!

DIE MESSLATTE FÜR SAFT HÖHER LEGEN

Wenn frisch gepresste Säfte den Nährstoffgehalt Ihrer Ernährung automatisch erhöhen, fragen Sie sich vielleicht, warum Sie dieser Mischung noch Superfoods zufügen sollen. Die Antwort hat etwas mit der Idee der „Realisierung des vollen Potenzials" zu tun. Statt gesunde Ernährung als etwas zu betrachten, das mit Einschränkungen oder Verboten zu tun hat, können Sie sich eine Einstellung angewöhnen, die nach Chancen und Möglichkeiten fragt: Jedes Mal, wenn Sie sich zum Essen hinsetzen, ist das eine Gelegenheit, etwas zu sich zu nehmen, das nicht nur köstlich ist (natürlich!), sondern *auch* die Chance bietet, sich spitzenmäßig zu ernähren. Viele Rezepte für frisch gepresste Säfte – sowohl hausgemachte als auch kommerzielle – greifen vom gesundheitlichen Standpunkt aus betrachtet zu kurz: Oft wird das Potenzial eines Safts „verwässert" durch die Verwendung großer Mengen weniger nährstoffhaltiger Zutaten (oder noch schlimmer, von raffiniertem Zucker) im Vergleich zu Superfood-Zutaten.

Während also absolut nichts schlecht daran ist, ab und zu ein Glas frisch gepressten Apfel- oder Karottensaft zu trinken, hat uns die Natur in Wahrheit viel mehr zu bieten. *Sehr viel mehr.* Warum nutzen Sie dieses Geschenk nicht und verwandeln den Saft, den Sie trinken, in ein wunderbares Elixier mit jeder Menge Vorzügen für die Gesundheit? Es ist so einfach, aus einem gesunden Saft das ultimative Revitalisierungsgetränk zu machen, indem man ihm Superfoods beimischt. Das bedeutet für die Gesundheit ungefähr so viel wie der Unterschied zwischen finanziell stabil und unglaublich reich … Deswegen ist dieses Buch vollgepackt mit 100 köstlichen, inspirierenden Rezepten, die Ihnen

helfen, durch den einfachen und klugen Einsatz von Superfoods die unglaubliche Erfahrung von „gesundheitlichem Reichtum" zu machen.

SAFTZUBEREITUNG MIT SUPERFOOD

Ich liebe das Ritual der Saftzubereitung.

Es beginnt mit dem Einkauf der Zutaten, bei dem ich meinen Korb mit einer Menge an frischen Produkten fülle und stolz darauf bin, dass ich so viel Schönes herumtrage … ein farbenprächtiges Obst- und Gemüsebouquet – zauberhaft wie ein Regenbogen –, das die Bewunderung aller anzieht, die mit mir einkaufen.

Zu Hause stelle ich diese schöne Fülle gern auf die Küchentheke, während ich die Zutaten für das jeweilige Saftrezept zusammensuche, und genieße den Moment der Erkenntnis: „Ja – *das alles* konsumiere ich gleich." Ich liebe das systematische „Füttern" der Maschine mit Obst und Gemüse und die Flüssigkeit, die in leuchtenden Strömen in den Sammelbehälter fließt. Und dann – endlich! – liebe ich das schaumige Ausgießen des kraftvollsten und energiegeladensten frischen Getränks überhaupt, das so voller Leben ist und unbedingt getrunken werden will. Manchmal fülle ich meinen Saft sogar in ein Weinglas, um mich daran zu erinnern, dass das, was ich da schlürfe, etwas ganz Besonderes ist, das bewusst genossen werden will (und ich nicht zulassen sollte, dass meine übereifrigen Geschmacksknospen mich überwältigen und ich den Saft runterkippe wie bei einem Wettbewerb für Schnelltrinker. Bitte bestätigen Sie mir, dass ich nicht die Einzige bin, der das passiert.) Saftzubereitung ist auf so vielen Ebenen zutiefst erfüllend, und wenn Sie erst einmal angefangen haben, sich mit Selbstwertschätzung zu ernähren, werden Sie positiv in die Zukunft blicken und gar nicht mehr zurückschauen wollen.

DIE PRINZIPIEN DER SAFTZUBEREITUNG MIT SUPERFOOD

Bevor wir weiter in die aufregende Welt der Saftzubereitung mit Superfood vordringen, gibt es ein paar Grundregeln, die man kennen sollte, um das Zusammenspiel all der wunderbaren Nährwerte optimal zu entfalten:

1 **Kaufen Sie Biolebensmittel.**

In der Regel ist das Kaufen von Bioprodukten aus vielen Gründen ein kluger Schachzug. Es verhindert, dass Sie Pestizide, Herbizide und Fungizide sowie diverse andere Chemikalien konsumieren, die Ihre Gesundheit gefährden können. Die Wahl von Bioprodukten ist auch eine umweltfreundliche Entscheidung, mit der Sie eine Landwirtschaft unterstützen,

die sich auf natürliche Anbaumethoden verlegt im Gegensatz zu einer industriell-chemisch dominierten. Bei der Saftzubereitung ist es erst recht wichtig, Bioprodukte zu verwenden, weil oft nicht nur die ganze Frucht oder das Gemüse (mit Schale) verwendet wird, sondern auch, weil diese Nahrungsmittel in relativ großen Mengen konsumiert werden. Untergraben Sie die prinzipiell gesunde und reinigende Wirkung eines frisch gepressten Safts nicht dadurch, dass Sie konzentrierten Pestizidmüll zu sich nehmen. Denken Sie daran: Halten Sie Ihren Körper und die Umwelt sauber.

2 Heben Sie den Zucker fürs Naschen auf.

Das Reduzieren von Zucker ist ein wichtiges Konzept in meinem *Buch der Superfood Smoothies,* aber bei der Saftzubereitung ist es, ehrlich gesagt, noch viel wichtiger. Ein absolutes Zuckertabu will niemand, und selbst wenn Ihre Ernährung vollwertig, hauptsächlich pflanzlich und reich an frischen Produkten ist, gibt es bestimmt Gelegenheiten, bei denen Sie sich ab und zu eine kleine Sünde gönnen: eine Nascherei. (Übrigens können Naschsachen auch mit minimalen Mengen Zucker und sehr viel gesünderen Süßungsmitteln zubereitet werden.) Die einzige Möglichkeit solches Naschen einmal nebenher gutzuheißen, besteht darin, ansonsten alle unnötigen Zusatzstoffe (einschließlich Zucker in seinen zahlreichen Formen) aus der Nahrung zu eliminieren, die Sie den Rest des Tages zu sich nehmen. Probleme mit Zucker bekommen die meisten Leute in der Regel nicht von einem Cupcake, den sie mit einer Freundin essen, und auch nicht von einem Keks am Arbeitsplatz. Das wahre Problem besteht im Übermaß von Zuckern in Getränken, Saucen, Salatdressings, Suppen, Snacks, Müsliriegeln usw., die sich im Laufe des Tages tückisch aufaddieren.

Zucker wegzulassen ist bei Säften sogar noch wichtiger: Beim Pressen der frischen Zutaten bleibt die „Masse" zurück, was bedeutet, dass Fasern, Fett und Eiweiß, die im Fruchtfleisch konzentriert sind, für den Saft verloren gehen. Somit enthält er zwar reichlich pflanzliche Vitamine, Mineralstoffe, Antioxidantien und sekundäre Pflanzenstoffe, aber eben auch viel natürlichen Zucker. Hinzu kommt, dass alles, was ein Saft liefert, viel schneller in die Blutbahn gelangt, weil es außer Kohlenhydraten (und noch dazu faserfreien Kohlenhydraten) keine anderen Makronährstoffe gibt, um die Verdauung zu verlangsamen. Daher kann der Körper Apfelsaft wie eine Turboversion von ein paar ganzen Äpfeln verdauen.

Für die meisten Menschen ist es kein Problem, diese Verdauungsbeschleunigung im Rahmen zu halten. (Wenn Sie Probleme mit Ihrem Blutzuckerspiegel haben, lesen Sie auf Seite 70 – 71, wie Sie die Zuckeraufnahme des Körpers mit Hilfe von Chiasamen verlangsamen können.) Wenn wir den natürlichen Zuckern, die in frisch gepresstem Saft bereits vorhanden sind, noch Zucker hinzufügen, ist leicht nachvollziehbar, dass dies den Blutzucker viel zu sehr in die Höhe treibt, weil es für einen wahren (und nicht wünschenswerten) „Zucker-Flash" sorgt. Wenn Sie Ihren Saft süßer haben wollen, als es mit Ihren frischen Zutaten möglich ist, empfehle ich einen eher natürlichen Ansatz. Nehmen Sie einfach mehr Früchte, bevor Sie zum Zucker greifen (oder Agavendicksaft oder, noch gesünder, Kokoszucker). Sie geben zwar immer noch „Zucker" zu, aber es ist eine bessere und viel vorteilhaftere Wahl als irgendeine Form von raffiniertem Zucker. Geht es noch besser? Versuchen Sie eine gesunde, natürliche, zuckerfreie Alternative wie Stevia. Mehr darüber, wie Sie Ihren Saft ohne Zuckerzusätze süßen können, finden Sie auf Seite 76.

③ Kaufen Sie auf Bauernmärkten ein.

Dies ist nicht unbedingt eine feste Regel, sondern nur ein zusätzlicher Tipp, weil auch viele herkömmliche Märkte hervorragende Produkte anbieten. Bauernmärkte bieten die frischesten Produkte. Sie sind lokaler Herkunft und werden manchmal sogar zu ermäßigten Preisen verkauft. Hier finden Sie gelegentlich auch verschiedene Varianten an Obst und Gemüse wie violette Karotten und Gelbe Bete oder seltenere Blattgemüse. Beim letzten Besuch auf meinem lokalen Wochenmarkt (in Kalifornien, Anm.d.V.) habe ich Kumquats von der Länge meines Daumens gefunden, die wie süß-herbe Marmelade schmeckten – ein seltenes essbares Juwel mit so spannendem Geschmack! Indem Sie Ihre üblichen Produkte im Wechsel mit einigen dieser „Spezialitäten" verwenden, sorgen Sie nicht nur dafür, dass sich Ihre hausgemachten Säfte kontinuierlich weiterentwickeln und interessant bleiben, sondern haben allein durch das Mischen der Zutaten auch einen bunten Bogen an Nährstoffnuancen zur Verfügung.

④ Nehmen Sie vor allem Gemüse (und Obst mit wenig Fruchtzucker).

In diesem Buch gibt es viele Rezepte für Obstsäfte, deren Genuss eine wahre Freude ist und die gleichzeitig einen Schatz an Nährstoffen enthalten. Dennoch sollten Sie, wenn Sie im Laufe des Tages große Mengen Saft trinken, auch eine gesunde Mischung aus grünen Säften und Wurzelgemüsesäften dazunehmen. Das Konsumieren von etwas Fruchtsaft ist zwar von Vorteil, aber mehr als ein paar Gläser können für manche Menschen einen zu hohen (natürlichen) Zuckeranteil enthalten. Aus gesundheitlicher Sicht sind Gemüse und zuckerarme Früchte immer die beste Wahl.

⑤ Verwenden Sie Superfoods.

Ja! Die goldene Regel dieses Buches lautet: Erhöhen Sie das Nährstoffpotenzial von Saft durch den Einsatz von Superfoods. Betrachten Sie Saft als einfach unglaublich nährstoffreiche Nahrungsquelle. Selbst wenn Sie nur Orangensaft haben, versetzen Sie ihn mit ein wenig Camupulver für ein Extra an Vitamin C oder mit einem kleinen Löffel Weizengraspulver, um seine entgiftende Wirkung zu verstärken und ein wenig unsichtbares Grün ins Spiel zu bringen. Betrachten Sie jeden Saft als Chance, als einen Aufruf an Sie, durch das einfache Hinzufügen von Superfoods den Nutzen für Ihre Gesundheit zu mehren. Die Rezepte in diesem Buch zeigen Ihnen, wie.

DIE ARCHITEKTUR EINES SUPERFOOD-SAFTS

Wenn Ihnen die Grundregeln für die Zubereitung der ernährungsphysiologisch so wertvollen (und köstlichen) Säfte relativ simpel vorkommen – gut! Denn das sind sie. Die *beste* Nachricht aber: Es ist noch einfacher, einen „ultimativen Superfood-Saft" zu kreieren. Erfolgreiche Saftrezepte lassen sich in vier Bauelemente aufteilen: Basiszutaten, weitere Zutaten, Superfoods und Geschmacksausgleicher. Sobald Sie dieses grundlegende Bauprinzip verinnerlicht haben, sind Sie auf einem guten Weg zu eigenen atemberaubenden und hitverdächtigen Kreationen!

BASISZUTATEN

Wenn Sie ein paar Saftrezepte ausprobiert haben, werden Sie schnell feststellen, dass alle Säfte einen oder zwei Hauptbestandteile enthalten – Gemüse oder Obst, die rund 70% (manchmal mehr) des Saftes ausmachen und damit die „Füller" oder Basis der Rezeptur sind. Sie werden auch merken, dass diese Grundbestandteile immer und immer wieder in den Rezepten verwendet werden, und zwar aus verschiedenen Gründen. Erstens sind diese Zutaten an sich erfreulich für den Gaumen, was nicht von jedem Gemüse und nicht einmal von jeder Frucht gesagt werden kann. Süße Karotten beispielsweise sind etwas ganz anderes als bittere Klettenwurzeln. Zweitens enthalten Basiszutaten oft einen im Verhältnis zur Masse hohen Anteil an Wasser. Man erhält also viel Saft. Schließlich sind die Basiszutaten für die Rezepte in diesem Buch relativ preiswert und halten die Gesamtkosten für die Saftzubereitung niedrig. Schauen Sie sich die unten aufgeführten Basiszutaten an. Solange Sie eine oder zwei davon zur Hand haben, können Sie jederzeit köstlich schmeckenden, frischen Saft zubereiten.

Ananas

Ananas ist im Vergleich zu anderen Basiszutaten zwar eher teuer, aber der süße, tropisch schmeckende Ananassaft kann schon für sich allein als exotischer Cocktail gelten. Ananas ist eine exzellente Quelle von Bromelain, einem Enzym, das für seine entzündungshemmenden Eigenschaften bekannt ist und auch bei der Verdauung helfen kann. Der zugleich süße und leicht säuerliche Geschmack der Ananas ist eine willkommene Basis für Frucht- und grüne Säfte und kann auch als Begleitzutat für Wurzelsäfte verwendet werden.

Hinweise Obwohl es kein Problem ist, eine Ananasschale durch den Entsafter zu schicken, macht sie den Saft tendenziell ein wenig bitter. In den meisten Fällen wird die Schale abgeschnitten, zusammen mit dem stacheliger Blattschopf an der Spitze der Ananas. Aber der Strunk im Inneren kann und sollte mit der Frucht entsaftet werden, anstatt ihn wegzuwerfen.

Äpfel und Birnen

Nur wenige Menschen auf der Welt mögen frisch gepressten Apfel- oder Birnensaft nicht. Mit nur einer oder zwei dieser Früchte in Verbindung mit einigen noch nährstoffreicheren Produkten kann man sehr schnell eine Gaumenfreude zubereiten. Je frischer Äpfel oder Birnen sind, desto süßer und aromatischer ist ihr Saft (lokale Sorten der Saison vom Bauernmarkt sind am besten). Äpfel werden mit der Zeit weicher. Abgesehen davon, dass sie zu fast jeder Fruchtsaftkombination passen, sind diese Früchte auch eine wunderbare Ergänzung für Gemüsesäfte. (Beachten Sie, dass mit Äpfeln und Birnen hergestellte Säfte nach etwa einer Stunde dunkel werden, weil ihre Bräunungsenzyme durch Sauerstoffeinwirkung aktiviert werden.)

Hinweise Obwohl die meisten Entsafter so ausgestattet sind, dass sie harte Kerne ausfiltern, sollte bei großen Mengen von Äpfeln und Birnen vor dem Entsaften das Kerngehäuse (oder zumindest die Kerne) entfernt werden, um die Gefahr der Aufnahme von Blausäure – ein natürliches Gift, das in den Kernen enthalten ist – zu vermeiden.

Gurken

Gurken sind die leichtesten Basiszutaten, die Sie verwenden können, sowie die mit den wenigsten Kalorien und dem geringsten Anteil an Natrium und Zucker. Ihr Aroma ist zwar schwach, aber die wasserreichen Gurken bieten eine große Menge an Saft. Sie gehören zu meinen liebsten Basiszutaten. Am häufigsten verwende ich sie in grünen Drinks und Gemüsesäften.

Hinweise Viele Nährstoffe der Gurke befinden sich in der Schale. Biogurken waschen Sie einfach gründlich vor dem Entsaften und verwenden sie mit Schale. Konventionell angebaute Gurken werden geschält. So vermeiden Sie, dass Sie Pestizide, die sich auf der Schale befinden, zu sich nehmen.

Melonen
(Wassermelonen, Zuckermelonen, Honigmelonen)

Melonen sind botanische Verwandte der Gurke. Sie sind extrem wasserhaltig, und jede Sorte ist eine leckere Saftzugabe. Sie allein zu entsaften, bringt den Gurkengeschmack der Melonen heraus, erst in Verbindung mit anderen Früchten oder Süßungsmitteln wird ihr unverwechselbarer Geschmack wirklich lebendig. Melonen können sowohl für Fruchtsäfte als auch für grüne Säfte als Basis verwendet werden.

Hinweise Den süßesten, aromatischsten und am besten schmeckenden Saft erhalten Sie, wenn Sie die Melone vor dem Entsaften entkernen und die harte Schale abschneiden. Biomelonen mit dünnerer Schale können mit Schale entsaftet werden. Die Mikronährstoffe, die in der Schale einiger Melonensorten konzentriert sind, bieten viel für die Gesundheit. Wassermelonenschale beispielsweise enthält große Mengen eines Phytonährstoffs namens Citrullin, das der Körper in Arginin umwandelt. Arginin ist gut für ein gesundes Herz, verbessert die Durchblutung, unterstützt das Immunsystem – und angeblich hat es sogar eine ähnliche Wirkung wie Viagra. Da muss man wohl nicht extra erwähnen, dass Sie auch die Schale entsaften sollten, so ungewohnt das auch sein mag.

Stangensellerie (Staudensellerie)

Sellerie ist aromatisch, wasser- und faserreich, und wenn er entsaftet wird, gibt sein hoher Mineralstoffanteil dem Saft eine gewisse „Salzigkeit" und einen herzhaften Geschmack. Als Basiszutat schmeckt Sellerie am besten in grünen Drinks und Gemüsesäften. In kleineren Mengen kann er auch als Ergänzung eines Fruchtsafts verwendet werden, um dessen Geschmack abzurunden.

Hinweise Von der Basis bis zu den Blättern kann (und sollte!) die ganze Selleriestange verwendet werden, außer dem letzten Zentimeter über der Knolle, der oft sehr schmutzig ist und daher abgeschnitten werden sollte. Beachten Sie, dass Sellerieblätter in der Regel ein stärkeres Aroma haben als die Stangen.

Süße Knollen *(Bengkoang, Yams, Süßkartoffeln)* und Kürbis

Aus diesen knolligen Schätzen können überraschend leckere Säfte gemacht werden. Aufgrund ihres hohen Stärkegehalts ist es eine gute Idee, sie in Säften mit anderen Basiszutaten zu kombinieren, damit sie leichter verdaut werden. Sowohl die Knollen als auch der Kürbis bieten viel Süße und reichen Schaum – eine ideale Basis, um wärmende Gewürze, Nüsse, Saatenmischungen und sogar Proteinpulver geschmacklich zur Geltung zu bringen.

Hinweise Ökologisch angebaute Yamswurzeln, Süßkartoffeln und sogar Winterkürbisse können einfach geschrubbt und mit ihrer nährstoffreichen Schale entsaftet werden. (Bei der Bengkoang – Yambohnenwurzel – ist zu beachten, dass ihre Schale häufig mit Wachs behandelt ist, damit sie leichter abgelöst werden kann. In diesem Fall müssen Sie sie schälen, bevor Sie sie zum Entsaften in Stücke schneiden, sonst verstopft das Wachs nicht nur den Entsafter.) Wenn ein süßerer Geschmack gewünscht wird, können die Knollen auch erst geschält werden, aber weil diese Art von Schalen von der Maschine nicht sehr gut zu Saft verarbeitet wird, ist der Unterschied zwischen geschält und nicht geschält in Geschmack und Nährwert eher klein.

Süße Wurzeln
(Karotten, Rote Bete und Pastinaken)

Gemüsesüße vom Feinsten, das bieten die bunten Wurzeln mit ihren nährstoffreichen

Zuckern, und dazu angenehme Milchigkeit. Sie passen gut sowohl zu Gemüse- als auch zu Obstsäften. Als preiswerte Basis sind Wurzelgemüse seit Langem eine beliebte Zutat in Saft-Bars und bieten große Mengen an Antioxidantien, Vitaminen und Mineralien.

Hinweise Die meisten Menschen ziehen es vor, nur die Wurzel zu verwenden, aber wenn es sich um ein Bioprodukt handelt, das sehr frisch ist, können die Blätter gründlich gereinigt ebenfalls verwendet werden. Sie bieten zusätzliches Chlorophyll und eine „grünes" Aroma (Rote-Bete-Blätter sind am besten). Für maximalen Nährwert sollten Wurzelgemüse nur gut geschrubbt und nicht geschält werden, weil sich die meisten Nährstoffe in der Schale befinden. Wenn Sie jedoch einen süßeren Geschmack haben möchten, entfernen Sie vor dem Entsaften einen Teil der Schale (oder alles).

Süße Zitrusfrüchte
(Orangen, Mandarinen, Grapefruits)

Der süß-säuerliche Saft von Zitrusfrüchten ist wunderbar variabel und kann sogar ohne jede Maschine gewonnen werden, was Zitrusfrüchte zu den vielleicht beliebtesten Saftfrüchten macht. Es ist also nicht verwunderlich, dass diese Früchte zu den für die Saftzubereitung wichtigsten gehören. Was „frisch gepressten" Orangensaft von durchschnittlichem O-Saft aus der Flasche unterscheidet, hat etwas mit der Entsaftungsmethode zu tun. Aus den meisten Zitrusfrüchten wird Saft gewonnen, indem man den Nektar nur aus dem farbigen inneren Fruchtfleisch presst, aber sie haben viel mehr Potenzial, als auf den ersten Blick zu vermuten ist! Obwohl Zitrusfrüchte ganz gegessen mitunter bitter schmecken (weshalb dies oft vermieden wird), haben die schwammartige weiße Haut und die Innenhaut, die die Segmente trennt, in Saftform einen eher milden Geschmack. Sie sind eine gute Quelle für blutdrucksenkende Flavonoide und machen den Saft ein wenig schaumiger. Von Biofrüchten kann auch die Schale verwendet werden, um dem Saft durch das intensive ätherische Öl eine besondere Geschmacksnote zu geben, aber das sollte in Maßen geschehen, damit es nicht alles übertönt. Orangen sind dank ihrer Süße vielseitiger als Grapefruits, aber beide sind sehr gute Zutaten für Obst- und sogar Wurzelsäfte. Aus Sicht der Aromenkomposition sind die meisten süßen Zitrusfrüchte als Basis für grüne Getränke weniger geeignet, aber sie können in Verbindung mit Sellerie in milderen Mischungen verwendet werden.

Hinweise Wenn nicht anders angegeben, werden für die Rezepte in diesem Buch geschälte Zitrusfrüchte verwendet. Das sorgt für einen ausgewogenen Geschmack, auch wenn man immer etwas Schale nach Belieben zugeben kann. Die weiße Haut unter der Schale ist eine willkommene Ergänzung und kann, wenn gewünscht, immer dazugegeben werden. Die meisten Entsafter sieben die Kerne aus – es gibt hier also keinen Grund, sie vorher zu entfernen.

WEITERE ZUTATEN

Zu den weiteren Zutaten gehört ein breites Spektrum an Obst- und Gemüsesorten, die wunderbar nährstoffreich und geschmacksintensiv sind, aber nicht ganz so gehaltreich wie Zutaten, die „Superfood-Status" haben. Die folgenden Zutaten sollten nicht als Basiszutaten betrachtet werden. Sie schmecken in kleineren Mengen verwendet am besten. Zu den Nachteilen einer alleinigen Verwendung dieser Zutaten für Saft gehören eine verminderte Ausbeute, höhere Kosten und/oder ein zu starker Eigengeschmack. Dennoch sind die Verwendungsmöglichkeiten für Zutaten aus dieser Kategorie praktisch endlos, denn das den Rezepten in diesem Buch zugrundeliegende Motto lautet: *Was aus dem Boden wächst, kann auch zu Saft verarbeitet werden.* Noch aufregender ist, dass jede der folgenden Zutaten eine eigene charakteristische Zusammensetzung aus gesunden Vitaminen, Mineralien, Antioxidantien und sekundären Pflanzenstoffen hat. Nur weil sie nicht den Status besonderer Superfoods haben, bedeutet das noch lange nicht, dass sie nicht unglaublich gesund sind – ein Grund mehr, ihre Unterschiedlichkeit und ihren Reichtum zu genießen. Vielfalt ist wirklich der Schlüssel zu langfristiger Gesundheit.

Hier sind einige der wichtigsten zusätzlichen Zutaten, die in diesem Buch verwendet werden. Aber Sie sollten sich von dieser Liste keinesfalls einschränken lassen. Experimentieren Sie!

Erbsen
Klettenwurzel
Mangos
Papayas
Paprika
Radieschen
Rhabarber
Steinobst (Pfirsiche, Pflaumen, Aprikosen, Kirschen etc.)
Trauben
Tomaten
Zucchini

KOSTEN FÜR ZUTATEN SENKEN

Frischen Saft zu trinken, ist wie das Betanken Ihres Autos mit erstklassigem Sprit, nur dass Sie mit dem Saft in sich selbst investieren … in Ihre Langlebigkeit, Ihre Lebensqualität und Ihr Wohlbefinden. Schließlich haben Sie nur einen Körper, der ein Leben lang halten soll und es verdient, mit dem besten Kraftstoff zu laufen. Wenn Sie schon einmal, ohne zu zögern, ein gutes Glas Wein im Restaurant bestellt haben, sollten Sie die Kosten für einen exquisiten, frisch gepressten, vitalisierenden Saft nicht scheuen. Es ist einfach eine Frage der Perspektive. Wenn Sie den Wert der Lebensmittel, die buchstäblich die Zellen Ihres ganzen Seins nähren, betrachten (und wie erschwinglich sie letztlich sind), ist eine Kürzung der Mittel für diese Form von „Gesundheitsvorsorge" ganz offensichtlich keine gute Idee.

Dennoch gebe ich genau wie Sie nur ungern zu viel Geld für Lebensmittel aus. Daher sind für die Rezepte in diesem Buch solche Zutaten erforderlich, die in puncto Erhältlichkeit und Kosten am sinnvollsten sind. Sie könnten zwar beispielsweise frische Granatapfelkerne entsaften (und das ist wirklich immer ein super Geschmackserlebnis!), aber die meisten Entsafter, die man zu Hause hat, sind einfach nicht dafür ausgerüstet, Granatapfelkerne so effizient zu pressen wie ihre kommerziellen Gegenstücke, und die Ausbeute ist eine enttäuschend kleine Menge Saft aus einer ziemlich teuren Frucht. Aus diesem Grund ist es ein vernünftiger Ansatz, den frisch gepressten Mixturen gekauften Granatapfelsaft beizumischen – ich mache es auch so. Ich habe alle Hausaufgaben brav erledigt, damit Sie das Beste für Ihr Geld bekommen, wenn Sie sich an die Beschaffung von Premium-Superfood-Zutaten für die Rezepte in diesem Buch machen.

Die meisten verpackten Bio-Superfoods (Pulver, Samen etc.) sind sehr lange haltbar und kosten in der Regel bei verschiedenen Einzelhändlern etwa das Gleiche, sodass Sie sich gar nicht erst auf die Jagd nach Sonderangeboten und Schnäppchen machen müssen, denn in diesem Bereich gibt es wenig zu sparen. Es ist deutlich effektiver zu versuchen, die Kosten für frische Zutaten (die regelmäßig gekauft werden müssen) im Rahmen zu halten.

Mit Hilfe der folgenden Tipps können Sie auf lange Sicht enorm viel Geld sparen, vor allem, wenn Sie zu denen gehören, die regelmäßig Saft herstellen.

KAUFEN SIE AUF BAUERNMÄRKTEN EIN.

Ich habe festgestellt, dass frische Produkte auf meinem örtlichen Markt je nach Saison bis zu 50% weniger kosten wie die gleichen Produkte im Lebensmittelladen. Wenn Sie Stammkunde werden und die Anbieter auf Ihrem Bauernmarkt näher kennenlernen, bekommen Sie vielleicht sogar von Zeit zu Zeit zusätzliche Rabatte (oder sogar etwas umsonst). Sie stellen möglicherweise auch fest, dass Obst und Gemüse vom Markt oder Hofladen oft größer und frischer sind als die Produkte in Ihrem Lebensmittelladen um die Ecke.

KAUFEN SIE GROSSE MENGEN.

Während dies sicher nicht für alles gilt, was Sie kaufen wollen, ist es durchaus sinnvoll, manche Lebensmittel in großen Mengen zu besorgen. Große Gebinde Karotten, Äpfel, Süßkartoffeln und Zitrusfrüchte werden oft zu einem bemerkenswert niedrigen Preis verkauft und halten sich ein paar Wochen. Außerdem schafft der Kauf großer Mengen Zutaten einen Anreiz, mehr Saft zu produzieren, damit nichts verschwendet wird.

VERMEIDEN SIE FERTIGPRODUKTE.

Viele Lebensmittelgeschäfte bieten geschnittenes Obst und Gemüse zum schnelleren Kochen und Naschen an. Zwei Worte: Nicht kaufen! Sie bezahlen erheblich mehr für den Luxus, Vorgeschnittenes zu kaufen. In manchen Supermärkten können Sie sogar Behälter mit Granatapfelkernen kaufen. Doch da man zum Entsaften große Mengen braucht, kostet Sie die kleine Annehmlichkeit, die geschnittenes Gemüse und Obst bedeuten, am Ende ein Vermögen. Zudem stellen Sie wahrscheinlich fest, dass die bereits vorbereiteten Zutaten (und der Saft daraus) längst nicht so frisch und wohlschmeckend sind, wie wenn Sie alles unmittelbar vor dem Entsaften vorbereiten.

Investieren Sie die paar Minuten, die es dauert, die ganzen Produkte zu zerschneiden, und sparen Sie dabei.

VERWENDEN SIE SAISONALE ZUTATEN.

Ich habe einmal ein halbes Vermögen für das Privileg bezahlt, einen einzigen Granatapfel im Juli kaufen zu können. (Passen Sie auf, dass Ihnen das nicht passiert!) Genießen Sie stattdessen Saftmischungen aus den frischesten Produkten der Saison. Wenn Sie sich nicht sicher sind, was gerade Saison hat, hier ein Hinweis: Es sind vor allem die Produkte, die es gerade günstig zu kaufen gibt. Äpfel sind in der Regel in den kälteren Monaten preiswert, während Gurken im Sommer oft nur einen Bruchteil dessen kosten, was sonst ihr Preis ist. Es steht Ihnen immer frei, die Zutaten von Saftmischungen durch ihre saisonalen Gegenstücke zu ersetzen. Winterlichen Grünkohl im Sommer durch knackige Salate auszutauschen oder in der kalten beziehungsweise warmen Jahreszeit zwischen Pastinaken und Bengkoang (Yambohnenwurzel) hin- und herzuwechseln, ist eine hervorragende Lösung. Wenn wir, auch was die Säfte angeht, einen nachhaltigen Lebensstil anstreben, so bringt es am meisten, die Zutaten kontinuierlich abzuwechseln und die maximalen gesundheitlichen Vorteile zu genießen, die uns durch die Vielzahl an Nährstoffen und Aromen geboten werden. Sich an der jeweiligen Saison zu orientieren, ist sinnvoll auf allen Ebenen.

SUPERFOODS

Betrachten Sie Superfoods als Ihre Favoriten aus ernährungsphysiologischer Sicht. Obwohl Sie davon nie viel gleichzeitig verwenden, bringen Sie damit jeden Saft auf eine überaus lohnende neue Stufe.

Wenn Sie nicht schon gut mit Superfoods eingedeckt oder gerade scharf darauf sind, mit Vollgas ein Leben mit Superfoods zu beginnen (was ich Ihnen nicht verdenken könnte), ist es jetzt keineswegs nötig, dass Sie gleich in einen Laden stürmen und jedes im Folgenden aufgeführte Superfood kaufen. Fangen Sie langsam an und peilen Sie an, jeden Monat ein paar neue Superfoods dazuzunehmen. Und vergessen Sie nicht, es ist keineswegs falsch, einzelne Zutaten aus den Saftrezepten in diesem Buch zu ersetzen oder wegzulassen. Es ist beispielsweise leicht möglich, Gojibeeren gegen Blaubeeren auszutauschen und immer noch einen fantastischen Supersaft zu bekommen. Die Vorteile der Superfoods aber, dieser erstaunlichen neuen Zutaten für Ihre Saftzubereitung, sind und bleiben schlicht revolutionär.

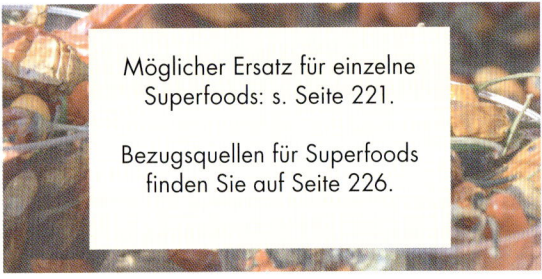

Möglicher Ersatz für einzelne Superfoods: s. Seite 221.

Bezugsquellen für Superfoods finden Sie auf Seite 226.

✳ SUPERGRÜN

Unsicher, wo und wie Sie anfangen sollen, Superfoods in Ihr Leben zu integrieren? Beginnen Sie mit grünem Blattgemüse. Wir alle wissen, dass der Verzehr von mehr grünem Gemüse der Schlüssel zu einer höheren Ebene der Gesundheit ist, aber die meisten von uns setzen sich nicht mehrmals am Tag hin, um 500 Gramm Spinatsalat zu essen. Doch in einem Saft können Sie genau diese Menge unterbringen. Mit Leichtigkeit. Indem Sie die Fasern extrahieren und nur die verdichteten Nährstoffe aus dem Grün auspressen, können Sie ziemliche Mengen davon konsumieren, und zwar so oft Sie möchten. Ich persönlich kann die heilende Kraft von Blattgemüse voll bestätigen. Meine Haut ist nie strahlender und meine Augen sind nie klarer, als wenn ich regelmäßig grünen Saft trinke … und das sind nur die äußerlich sichtbaren Zeichen (die hier auch auf ein sehr glückliches Inneres hinweisen). Viele der bemerkenswerten Vorteile von den „Grünen" wirken am besten, wenn sie roh konsumiert werden, was die Saftzubereitung zum perfekten Katalysator für die Aufnahme von grünem Blattgemüse macht. Halten Sie einen grünen Saft einmal gegen das Licht. Gibt es etwas mit mehr magischer Lebendigkeit?

Bei solch tollen Geschmacksnoten und bei solchen willkommenen Energiereserven ist es eigentlich sicher, dass Sie schon bald nach dieser gesundheitlichen Spitzenversorgung sehnsüchtig *verlangen* werden.

Varianten Zu den gängigsten Varianten von saftfreundlichem Grüngemüse gehören Salate (vor allem knackige Sorten wie Römersalat), Grünkohl, Mangold, Pak Choi und das am mildesten schmeckende aller Grüngemüse: Spinat. Andere Grüngemüse wie Brunnenkresse, Rucola, Portulak, Brokkoli, Kohl, Löwenzahn und lokale Varianten können auch verwendet werden, aber besser in kleineren Mengen, da sie zum Teil einen sehr starken, bitteren Eigengeschmack haben. Wenn frisches Grün nicht zur Verfügung steht, ist ein Löffel „Grünpulver" aus getrocknetem Gemüse eine gute zweite Wahl. Grünpulver finden Sie in Naturkostläden und manchmal auch bei den Nahrungsergänzungsmittel in Supermärkten.

Vorzüge Es gibt gute Gründe, warum „grüne Drinks" oft als Gesundheitsmittel angesehen werden, auf das man sich absolut verlassen kann. Nur über grünes Gemüse kommt Chlorophyll, das grün pigmentierte Antioxidans aus Pflanzen, in Ihre Nahrung. Tatsächlich haben Blattgemüse von allen reifen Landpflanzen die höchste Konzentration an Chlorophyll. Chlorophyll trägt zum Säure-Basen-Gleichgewicht im Körper bei (da es den biologischen pH-Wert ausgleicht), ist ein erstklassiges Entgiftungsmittel und hilft den Blutzellen, bei der Sauerstoffversorgung. Grünes Blattgemuse ist Gold wert, weil es eine Fülle von fast jedem Mikronährstoff enthält, den das Herz begehrt, einschließlich aller Arten von Mineralien, Vitaminen und schützenden Antioxidantien. Je dunkler die grüne Farbe ist, desto größer sind die Vorzüge!

Hinweise Waschen Sie grünes Gemüse gründlich und entfernen Sie jeglichen Sand, damit er nicht in den fertigen Saft gelangt. Knackigere Teile ergeben mehr Saft. Entsaften Sie Stiele und Stängel also immer mit. Wenn Sie einen Zentrifugenentsafter verwenden, finden Sie auf Seite 48 Techniken, um Ihre Ausbeute zu maximieren.

✳ JUNGE GRÄSER, KEIMLINGE UND SPROSSEN

Junge Gräser, Keimlinge und Sprossen sind im Grunde Babyversionen von Blattgemüse und haben ähnliche Vorzüge: alkalisierend (entsäuernd), reinigend, kalorienarm, mit wenig Zucker und reich an lebenswichtigen Mineralien wie Magnesium und Vitaminen wie C und A. Interessanterweise wächst die Nährstoffmenge einer Pflanze nicht unbedingt mit ihrer Größe. Ausgewachsene Radieschen beispielsweise liefern 27 mg Kalzium pro 100 g, während 100 g Radieschensprossen 57 mg Kalzium enthalten. Das bedeutet, dass die kleinen Sprossen eine größere Nährstoffdichte (mehr Mikronährstoffe pro Kalorie) haben als das reife Gemüse. Deshalb sind sie so ein unglaubliches Superfood.

Varianten Jedes Gemüse ist zu einem bestimmten Zeitpunkt ein Keimling oder Spross, aber manche Varianten sind schmackhafter als andere und eignen sich daher besser für die Saftherstellung. Wählen Sie Sprossen wie Klee und Luzerne, die einen köstlichen, milden Geschmack haben. Aufgrund ihres hohen Wassergehalts sind auch

Mungbohnensprossen außergewöhnlich gut geeignet. Junges Weizen- und Gerstengras sind die beliebtesten Gräser für die Saftzubereitung und können wahlweise frisch entsaftet oder in Pulverform eingerührt werden.

Vorzüge Sprossen und Gräser sind ungeheuer gute Quellen für Vitamine, darunter A, C und K. Sie strotzen vor Mineralien wie Kalzium und Eisen und sind hochgradig alkalisierend, können also einen unausgewogenen Körper-pH-Wert ausgleichen und eine gesunde Selbstregulation (Homöostase) fördern. Eine Ernährung mit Luzernesprossen kann im Kampf gegen eine Reihe von Problemen wie Infektionen und sogar Krebs helfen und außerdem die Normalisierung der Östrogenproduktion und der Blutgerinnung unterstützen. Weizen- und Gerstengras sind aufgrund ihres beeindruckenden Chlorophyllgehalts besonders wirksam in der Entgiftung. Sie können helfen, die Schilddrüsenfunktion zu normalisieren, tragen damit zu einem gesunden Stoffwechsel bei und sind die ideale Zutat für eine Vielzahl von Reinigungskuren. Der Nährwert von 450 g Weizengras ist vergleichbar mit dem von 32 kg Gemüse!

Hinweise Der einzige Nachteil bei der Verwendung von frischen Sprossen und Gräsern ist, dass die meisten Entsafter – außer sie sind speziell für diese Art von Grünem entworfen – die zarten Produkte nicht effizient verarbeiten können. Wenn Sie eine Handvoll Brokkolisprossen durch einen traditionellen Zentrifugenentsafter laufen lassen, werden Sie eine mikroskopische Saftausbeute bekommen, bei der Sie wünschen, Sie hätten einfach einen Sprossensalat gegessen und dieses Buch durch den Entsafter geschickt. Wenn Sie also an der Saftbereitung mit frischen Sprossen und Gräsern interessiert sind, empfehle ich Ihnen dringend eine spezielle Weizengrassaftpresse, die für diese Aufgabe ausgerüstet ist (siehe Seite 226 unter Bezugsquellen). Andernfalls verwenden Sie pulverisierte Varianten wie Weizengraspulver oder eine grüne Mischung, die verschiedene getrocknete und gemahlene Sprossen enthält (Bezugsquellen für Pulver siehe Seite 226). Die Rezepte in diesem Buch erfordern nur Weizengraspulver (nie frischen Saft aus Gräsern), aber Sie können es nach Belieben entsprechend ersetzen. *Eine Portion Graspulver (Portionsgröße variiert von Marke zu Marke) entspricht in der Regel etwa 30 ml frisch gepresstem Saft.*

✳ MIKROALGEN

Selbst die kleinste Zugabe von essbaren Mikroalgen macht den banalsten Saft schnell zu einem, der wahren Superfood-Status beanspruchen kann, und zwar dank der unglaublichen Kraft und vitalisierenden Nährstoffe dieser Edelsteine aus dem Wasser. Mikroalgen sind uralte Organismen, berühmt für ihr unglaubliches Heilungspotenzial, und von allen bekannten Lebensmitteln sind sie die besten Chlorophyllquellen.

Varianten Die am häufigsten verkauften grünen und blaugrünen Mikroalgen sind Chlorella und Spirulina. Obwohl sie die meiste Zeit wahlweise eingesetzt werden können, empfehle ich in diesem Buch eher die Verwendung von Spirulina- statt Chlorella-Algen, denn sie sind deutlich milder im Geschmack. Unabhängig von der Algensorte, die Sie wählen, sollten Sie nach reinen, pulverisierten Formen Ausschau halten, die keine Zusatzstoffe enthalten. Wenn Sie Chlorella-Algen kaufen, achten Sie darauf, eine Sorte mit „gebrochenen Zellwänden" zu nehmen, die aufgrund einer speziellen Verarbeitungstechnik besser verdaulich ist.

Vorzüge Weil sie so viel Chlorophyll enthalten, sind Mikroalgen natürliche Entgiftungsmittel, die sogar helfen sollen, Schwermetalle wie Blei oder Quecksilber aus dem Körper zu entfernen. Ein Arsenal an Vitaminen (einschließlich Analoge zu Vitamin B12), Mineralien (Spirulina enthält 28-mal mehr Eisen als Rinderleber) und sogar hochwertiges Protein machen das erstaunliche Heilungspotenzial dieser Zutaten aus. Neuere Forschungen bringen regelmäßigen Algenkonsum mit vermindertem Krebsrisiko, erhöhter Immunaktivität, mehr Energie und wirksamer Entgiftung in Verbindung. Wenn es um die gesundheitsfördernden Eigenschaften dieser speziellen Gruppe von Superfood geht, kann die Liste nahezu endlos fortgesetzt werden.

Hinweise Mikroalgen haben oft einen starken Eigengeschmack – ein Grund, warum sie häufig in Kapselform verkauft werden (an diejenigen, die sie lieber einnehmen, als sie zu essen). Doch dieser Geschmack kann leicht übertönt werden, wie Sie den Rezepten in diesem Buch entnehmen können, in denen Spirulina und Chlorella in pulverisierter Form verwendet werden. Sie können natürlich mehr von diesem Pulver einsetzen, als das Rezept verlangt, sollten aber wissen, dass sie sehr mächtige Superfoods sind, sowohl was die Nährstoffe angeht als auch den Geschmack. Sie sollten diese Rezepturen besonders gut mischen, denn ein Saft mit Algenklumpen begeistert niemanden.

FRISCHE KRÄUTER

Weil ihre heilende Kraft so stark ist, werden viele Kräuter wahlweise als „Superfoods" und echte Naturmedizin klassifiziert. Im Zusammenhang mit der Saftherstellung zähle ich frische grüne Blattkräuter zu den Superfoods, weil diese Kräuter in beträchtlichen Mengen verwendet werden können, ohne den Körper zu überfordern.

Varianten Es gibt viele Arten von Küchenkräutern, aber die Rezepte in diesem Buch konzentrieren sich auf gängige, saftfreundliche Sorten wie Minze, Petersilie und Koriander. Der experimentelle Einsatz von anderen frischen Kräutern ist jedoch absolut erwünscht.

Vorzüge Wie andere grüne Blattgemüse sind auch Kräuter eine gute Quelle für Chlorophyll, was sie zu pH-Wert-ausgleichenden und reinigenden Lebensmitteln macht. Zusätzlich zu ihrem beeindruckenden Vitamin- und Mineralgehalt sind Kräuter bekannt für ihre leistungsstarken sekundären Pflanzenstoffe, die wirksame medizinische, antivirale, antibakterielle, entzündungs- und krebshemmende Eigenschaften haben. Petersilie

beispielsweise enthält eine konzentrierte Substanz namens Apigenin, ein vielversprechender Stoff zur Bekämpfung von Brustkrebs, während sich frische Minze zur wirksamen pflanzlichen Behandlung von Übelkeit eignet. Kräuter haben eine lange Geschichte als Heilmittel. Geben Sie sie also in Ihre Säfte, wann immer möglich.

Hinweise Grüne Kräuter können als Ganzes entsaftet werden – inklusive Stängel. Wenn Sie einen Zentrifugenentsafter verwenden, sollten Sie die Kräuter fest bündeln und in ein großes Blatt, etwa Römersalat oder Grünkohl, wickeln, um die maximale Menge an Saft aus diesen köstlichen Superfoods zu gewinnen.

Oh, diese Vielfalt! Wer liebt eine saftige Erdbeere oder vollreife Brombeere nicht? Frische Beeren in Säften zu verwenden, ist ungeheuer lohnend und sorgt für eine delikate Geschmacksmagie, die mit Extrakten oder kommerziellen Säften einfach nicht erzielt werden kann. Beeren ganz allgemein – die essbaren selbstverständlich – gehören zu den wirkungsvollsten Superfood-Früchten, die uns die Natur zu bieten hat, und mit zu den köstlichsten.

Varianten Alle gängigen Beerensorten, wie Heidelbeeren, Erdbeeren, Brombeeren, Himbeeren und Cranberrys, sind ganz besondere Ergänzungen für Säfte. Experimentieren Sie auch mit anderen Beerenspezialitäten, etwa frischen Stachelbeeren, Maulbeeren und wilden Blaubeeren, wenn sie auf dem Markt sind.

Vorzüge Jede Beere bietet ihre eigene einzigartige Mischung unglaublicher Mikronährstoffe, aber ganz allgemein sind Beeren sehr gute Vitaminlieferanten. Fast alle Beeren enthalten viel Vitamin C, oft auch Vitamin A sowie viele Vitamine des B-Komplexes und manchmal sogar Vitamin E. Sie haben außerdem einige Mineralien zu bieten (wenn auch meist nicht auf dem hohen Niveau von Gemüse und Wurzeln) und sind gute Quellen für Anti-Aging-Antioxidantien mit hohem ORAC-Wert (Maßeinheit zur Messung des Antioxidans-Spiegels) sowie entzündungshemmende Phytochemikalien.

Studien verweisen auf das breite Spektrum an Vorzügen, die Beeren haben. Eine Studie hat kürzlich ergeben, dass Erdbeeren die Antwort der roten Blutkörperchen auf oxidativen Stress verstärken, während Cranberrys ein bekanntes natürliches Mittel zur Verhinderung von Harnwegsinfektionen sind.

Hinweise Weil frische Beeren so empfindlich und auf dem Markt oft ziemlich teuer sind, ist das auf Seite 34 beschriebene Entsaftungsverfahren fur Tiefkühlbeeren sehr zu empfehlen. Damit kann man die Saftausbeute maximieren und die Kosten reduzieren. Eine Ausnahme bilden Erdbeeren, die sich frisch gut entsaften lassen, und zwar samt Blättern und Stielen. Achten Sie jedoch darauf, dass Ihr Entsafter auf der niedrigsten und sanftesten Stufe arbeitet. So bekommen Sie am meisten Saft.

PREMIUM-BEEREN

Zwar sind alle essbaren Beeren wohltuend und haben den „Superfood-Status“ verdient, aber manche stechen noch einmal besonders hervor. Viele dieser „Superbeeren“ werden jedoch immer noch als „exotische“ Außenseiter betrachtet. Aber so, wie sich unser Wissen über die erstaunlichsten natürlichen Lebensmittel der Welt ständig erweitert, verändert sich auch hier einiges. Mittlerweile finden viele dieser Superbeeren aus allen Teilen der Welt ihren Weg ins Rampenlicht und tauchen selbst in den Regalen ganz normaler Lebensmittelgeschäfte auf. Die gesundheitlichen Vorzüge dieser besonderen Sorten werden nicht nur in historischen Erzählungen oder der Publikumspresse gerühmt, sondern auch in renommierten wissenschaftlichen Fachzeitschriften. Auch wenn manche Superbeeren-Sorten ungewohnt sein mögen, machen sie ihr enormer Nährwert, ihre eindrucksvollen Aromen und ihr großes Verjüngungspotenzial zu einer spannenden Ergänzung für alle Säfte. Auf den folgenden Seiten finden Sie eine Liste dieser bemerkenswerten Beerenschätze, die ich liebevoll in viele Rezepte dieses Buches gepackt habe.

(Hilfe für die Beschaffung finden Sie auf Seite 226). Ich lade Sie ein, sie zu genießen!

BEEREN ENTSAFTEN

Obwohl die unbestrittenen Vorzüge einer pflanzlichen Ernährung allmählich weithin gepriesen werden, treffe ich immer noch Menschen, die der Auffassung sind, dass sie „Superfoods einfach nicht mögen … und keineswegs essen werden". Darauf reagiere ich in der Regel mit einem Lächeln und einer listigen Gegenfrage:

„Mögen Sie Erdbeeren?"

Und bis jetzt war die Antwort immer: „Ja, natürlich!"

„Ja, dann", sage ich, „mögen Sie auch Superfoods."

Wenn man den Streit um Worte außen vor lässt, ist es viel leichter, sich auf die schönen, einfachen und kernig schmeckenden pflanzlichen Schätze einzulassen, die uns die Superfoods in all ihren köstlichen Varianten zum Genuss anbieten, und Beeren sind ein perfektes Beispiel dafür. Fast jeder mag Beeren, auch kleine Kinder! Aber trotz ihrer großen Attraktivität für alle sind frische Beeren ziemlich teuer, schon allein, weil Sie für Saft so große Mengen davon brauchen. Die Frage ist also weniger, ob Beeren gut für die Gesundheit sind, sondern vielmehr, ob es sich lohnt, sie zu entsaften.

Es kann sich lohnen. Aus Erdbeeren lässt sich aufgrund ihrer Größe, ihres hohen Wassergehalts und ihrer starken Struktur am erfolgreichsten Saft herstellen. Zarte Beeren (wie Himbeeren) erfordern eine ganz andere Methode, um die maximale Menge an Saft zu extrahieren, Abfälle zu vermeiden und Kosten zu reduzieren. Um Beeren möglichst effizient in einen hausgemachten Saft zu integrieren, ist es am sinnvollsten, sie in gefrorener Form zu verwenden, was auch wesentlich weniger kostet. Und so wird es gemacht:

ENTSAFTUNGSMETHODE FÜR TIEFKÜHLBEEREN

Die Auftau-Entsaftungsmethode ist sehr nützlich für die Saftherstellung aus Beeren, denn während des Gefrierprozesses stechen die Eiskristalle, die sich in den Früchten bilden, Löcher in ihre Zellstruktur, durch die viel von dem Saft heraustropft, wenn die Beeren auftauen. Daher bekommt man mit dieser Methode eine viel größere Saftausbeute, als wenn man einfach die frischen Beeren entsaftet.

Sie brauchen:

- 1 Packung Tiefkühlbeeren (eine Sorte Ihrer Wahl)
- 1 mittelgroße Schüssel
- 1 großes Stück Gaze (oder ein dünnes Leinentuch oder ähnliches), mindestens zweimal so groß wie die Innenfläche der Schüssel

Anleitung:

Falten Sie die Gaze einmal zusammen und legen Sie sie in die Schüssel. Schütten Sie die gefrorenen Beeren darauf und stellen Sie die Schüssel in den Kühlschrank. Lassen Sie die Beeren mehrere Stunden oder über Nacht auftauen. Wenn die Beeren ganz aufgetaut sind, bringen Sie die Kanten der Gaze so zusammen, dass sich eine Tasche bildet. Dann drücken Sie mit beiden Händen sanft und „melken" den Saft durch das Tuch in die Schüssel. Der so gewonnene Beerensaft kann ganz nach Wunsch mit anderen Rezepturen gemischt werden.

TIPP Das zurückgebliebene Mus mancher Beeren (mit weniger Kernchen) schmeckt leicht gesüßt oder pur als frische rohe Marmelade. Es hält sich gekühlt zwei bis drei Tage.

Acaibeeren

Diese dunkelvioletten Edelsteine wachsen in Büscheln auf der hohen Acaipalme im Amazonasgebiet. Dort werden die farbenfrohen Beeren gesammelt, zu einem breiigen Saft gepresst und in der Regel als Getränk genossen. Acaisaft ist sehr sättigend, weil er gesunde, einfach ungesättigte Fettsäuren (selten für eine Beere) in Verbindung mit bemerkenswert vielen Antioxidantien enthält. Das macht Acai zur begehrten Beere für mehr Energie und Ausdauer, schöne Haut und ein gesundes Herz.

Hinweise Obwohl Acai immer häufiger als fertiger Saft zur Verfügung steht, ist dieser nicht für die Rezepte in diesem Buch zu empfehlen, da die meisten Produkte zusätzlichen Zucker enthalten. Verwenden Sie stattdessen gefriergetrocknetes Acaipulver. Es ist die am längsten lagerfähige, kostengünstigste und reinste Form von Acai. (Es ist auch die vielseitigste Form, die nicht nur in Saftrezepten Verwendung findet. Mischen Sie mal einen Esslöffel in gekochte Haferflocken … hmm!) Um eine cremige, glatte Textur zu bekommen und die reichhaltigen Acaiöle voll zu integrieren, mischen Sie das Acaipulver im Mixer mit einem Basissaft. Bewahren Sie das nicht benutzte Acaipulver im Kühlschrank oder Gefrierschrank auf, um seine Haltbarkeit zu verlängern.

Aroniabeeren

Die dunkelvioletten Aroniabeeren stammen zwar von einem gewöhnlichen Strauch, dessen Beeren die Indianer oft als Nahrungsmittel verwendet haben, aber die Aroniabeere steht erst am Anfang ihrer Reise zum Superfood-Star der modernen Ernährung. Wie Maqui- und Acaibeeren enthalten auch Aroniabeeren außerordentlich viele Anthocyan-Antioxidantien, die die Durchblutung verbessern und Krankheiten bekämpfen helfen, die durch Oxidation verursacht werden (wie manche Formen von Krebs). Da Aroniabeeren recht herb schmecken (was ihnen den Namen „chokeberries", etwa „Würgebeeren" einbrachte!), passen sie am besten zu frisch gepressten Fruchtsäften, die ihnen einen süßen Schub geben können.

Hinweise Aroniabeeren sind manchmal tiefgekühlt oder sogar frisch erhältlich. Ich rate Ihnen dringend, gleich zuzugreifen und die Beeren mitzunehmen, wo und wann immer Sie sie finden! Doch für die paar Rezepte in diesem Buch, die Aronia als Zutat vorsehen, schlage ich den leichter erhältlichen fertigen Aroniasaft anstelle der teureren und weniger leicht verfügbaren Beeren vor.
(Bezugsquellen für Aroniaprodukte finden Sie auf Seite 226.)

Camubeeren

Ein weiterer südamerikanischer Superstar, die Camubeere, schmeckt ein bisschen wie Cranberrys. Sie ist rötlich rosa, extrem herb und sehr wirkstoffreich. Die Camubeere ist von allen bekannten Nahrungsmitteln das mit der höchsten Vitamin-C-Konzentration. Schon ein Viertel Teelöffel enthält ein Mehrfaches der empfohlenen Tagesdosis. Mit anderen Worten: Sie müssten 8 ½ Orangen essen, um den Vitamingehalt eines einzigen Teelöffels Camupulver zu bekommen. Camubeeren schmeckt allein zwar nicht besonders gut, aber man braucht auch nur sehr wenig davon, um den Vitamin-C-Gehalt eines Safts in die Höhe zu treiben, und es kann praktisch jedem frischen Getränk zugesetzt werden. Ein Bonus: Vitamin C ist ein natürliches Konservierungsmittel. Eine Prise Camupulver kann also für längere Haltbarkeit Ihrer frischen Säfte sorgen und ihre fragilen Nährstoffe bewahren.

Hinweise In Südamerika werden Camubeeren oft zu frischen Säften gepresst – als Gesundheitselixier, das leider noch nicht bis zu uns vorgedrungen ist. Für die Rezepte in diesem Buch empfehle ich eine gefriergetrocknete Pulverform von Camubeeren. Dieses Pulver muss nicht gekühlt werden, und weil es so konzentriert ist und die Dosierung so winzig ist, reicht eine kleine Tüte extrem lange. Diese kleine Portionsgröße macht es einfach, diese Superfood-Zutat praktisch jedem Rezept zuzufügen (oder sie wegzulassen).

Gojibeeren

In China als „Langlebigkeitsbeeren" bekannt, spielen Gojibeeren seit Tausenden von Jahren eine wichtige Rolle in der traditionellen chinesischen Medizin. Als extrem ausgewogenes Nahrungsmittel sind Gojibeeren besonders reich an Karotin und enthalten alle wichtigen Makronährstoffe (sogar Protein) sowie mehr als 20 Vitamine und Mineralien. Sie haben sich als besonders hilfreich für das Immunsystem (einschließlich der Prävention und Behandlung von Krebs), die Augengesundheit und das Gedächtnis erwiesen.

Hinweise Ganze Gojibeeren sind in der Regel in verschiedenen Formen erhältlich: sonnengetrocknet (wie Rosinen), als gefriergetrocknetes Pulver und naturreiner Saft. Für die Rezepte in diesem Buch werden getrocknete Gojibeeren verwendet, weil sie am weitesten verbreitet sind, aber jede Form kann durch eine andere ersetzt und effektiv verwendet werden. Da die ganze Gojibeere einen so großen Heilwert hat, werden getrocknete Gojibeeren am besten auf zwei Arten in frisch gepresste Säfte integriert: im Saft einweichen wie in einem Tee (und die durchgeweichten Beeren als Bonus im Saft behalten) oder einen frisch gepressten Saft und die Gojibeeren im Mixer mischen (danach den Saft sieben, wenn gewünscht).

In der Regel entsprechen zwei Esslöffel getrocknete Gojibeeren einem Esslöffel Gojipulver und ca. 30 ml Gojisaft.

Maquibeeren

Maquibeeren, die in Patagonien (einer atemberaubenden Region im südlichen Chile) angebaut werden und dort auch wild wachsen, sind weithin bekannt für ihre köstlichen Geschmack und ihre intensive violette Farbe. Diese kleine Frucht, eine Art Regenwaldversion der Heidelbeere, mag ein vertrautes Beerenaroma haben, aber ihre Vorzüge sind alles andere als gewöhnlich. Maquibeeren sind, wie Tests ergeben haben, die Nummer eins unter den an Antioxidantien reichen Früchten der Welt, und zwar aufgrund ihres phänomenal hohen Anteils an violetten Antioxidantien, die als Anthocyane bekannt sind. Anthocyane sind ein Thema von zunehmendem wissenschaftlichem Interesse, und es wurde gezeigt, dass sie ein starker Anti-Aging-Nährstoff sind und viele positive Auswirkungen auf den Körper haben, etwa eine verbesserte Durchblutung und verringerte Entzündungswerte.

Hinweise Obwohl frische Maquibeeren im südlichen Chile ein allgegenwärtiger Anblick sind und man gelegentlich auch bei uns Maquisaft bekommt, ist die meistverkaufte und am besten für Säfte geeignete Form das gefriergetrocknete Maquipulver. Das Pulver ist lange haltbar und extrem wirksam; man braucht nicht mehr als einen Löffel davon, um einen Saft zu verbessern … und ihn violett einzufärben! Maquipulver ist wasserlöslich. Es ist also weder ein Mixen erforderlich noch die Aufbewahrung im Kühlschrank. Bewahren Sie es einfach an einem kühlen, trockenen und dunklen Ort auf.

Sanddorn

Diese orangefarbenen Beeren wachsen bevorzugt in Küstengebieten, vor allem in Asien und Europa. Der komplexe Geschmack dieser Frucht ist herb und säuerlich mit Hintergrundnoten von Zitrone und Honig. Die genießbaren Samen der Sanddornbeeren können zu einem Heilöl verarbeitet werden, während die Früchte in ihrer Gesamtheit zusätzliche Pluspunkte versprechen, und zwar aufgrund ihrer hohen Konzentration an Vitamin A und C, entzündungshemmenden Antioxidantien und sogar an den seltenen Omega-7-Fettsäuren, die Geweberegeneration und Hautgesundheit fördern.

Hinweise Sanddorn ist schwer zu ernten und zu empfindlich für den Transport. Deswegen sind die ganzen Beeren ein seltener Anblick in den meisten Läden. Für die Rezepte in diesem Buch verwenden Sie fertigen Sanddornsaft, der in vielen Geschäften für natürliche Nahrungsergänzungsmittel erhältlich ist (oder über die Bezugsquellen auf Seite 226 für Online-Bestellungen). Sie brauchen nur ein wenig davon in die Rezepturen zu mischen, um von den Vorzügen zu profitieren. Der angenehm herbe Geschmack des Sanddorns ist eine einzigartige Ergänzung für Fruchtsäfte oder sogar einige Gemüsesäfte – oder alles, wo eine Zitrusnote willkommen ist.

✻ SUPERFRÜCHTE

Jede essbare Frucht in der Natur ist für eine gesunde Ernährung von großem Wert. Es gibt jedoch verschiedene Arten von Früchten, die sich aufgrund ihrer sehr hohen Konzentration an Nährstoffen vom Rest abheben. In diesem Abschnitt finden Sie Informationen über einige besonders vielversprechende Angebote.

Granatapfel

Nur eins ist vielleicht noch außergewöhnlicher als die rubinartigen Samen im Inneren des fast kugelförmigen Granatapfels, und zwar der tiefrote Saft, den man daraus gewinnen kann. Süß, herb und mild adstringierend: Granatapfelsaft schmeckt so wunderbar, wie er aussieht!

Vorzüge Das heilende Potenzial von Granatapfelsaft ist im Gesundheitsbereich und in der Medizin fest etabliert. Studien haben gezeigt, dass der regelmäßige Konsum von Granatapfelsaft bei Herzerkrankungen hilft und sowohl den Blutdruck als auch den Cholesterinspiegel senkt, weil Granatapfel außergewöhnlich viele Antioxidantien enthält. In-vitro-Tests haben gezeigt, dass er sogar das Krebswachstum hemmen kann.

Hinweise Zum Entsaften frischer Granatäpfel geben Sie einfach die Samen in die Saftpresse wie jede andere Frucht. Doch falls Sie nicht selbst Zugang zu Granatapfelbäumen haben, können die Früchte zum Entsaften der Samen unerschwinglich teuer sein. Ganz zu schweigen vom aufwendigen Prozess des Öffnens mehrerer Früchte und dem sorgfältigen Entfernen der einzelnen Samen, und das alles für ein einziges (zugegeben umwerfendes!) Glas frischen Saft. Für die Rezepte in diesem Buch empfehle ich fertigen Saft, vorzugsweise eine 100% reine Sorte. Sie können immer noch die meisten Vorzüge und den Geschmack dieses enorm förderlichen Safts genießen, und das zu einem Bruchteil der Kosten. Fertigen Granatapfelsaft finden Sie in der Kühlabteilung einiger Supermärkte und natürlich in Reformhäusern und Bioläden.

Mangostane

In Anbetracht ihres komplexen Geschmacks, der von Pfirsich über Erdbeere bis Vanille variieren kann, und des cremigen Safts, den man daraus gewinnen kann, ist leicht zu verstehen, warum Mangostane ein besonders attraktives Superfood ist. In der Tat ist diese dunkelviolette Frucht mit dem weißen Fruchtfleisch in Südostasien, wo sie wächst, derart beliebt, dass sie manchmal als „Königin der Früchte" bezeichnet wird. Doch kommen wir von den königlichen Referenzen zum Geschmack. Sie ist eines meiner liebsten „Geschmacksgeheimnisse", wenn es darum geht, einem Saft das gewisse Etwas zu geben.

Vorzüge Die gesundheitlichen Vorzüge der Mangostane werden noch untersucht, was diese tropische Frucht aus wissenschaftlicher Sicht ein wenig zum Außenseiter macht. Der Wert ihrer Nährstoffe, zu denen spezielle sekundäre Pflanzenstoffe gehören, die als Xanthone bekannt sind (gerühmt für ihre entzündungshemmende, antibakterielle und Anti-Krebs-Wirkung), ist jedoch unbestritten. In Kombination mit ihrem besonderen Geschmack machen diese heilenden Attribute Mangostane zu einer extrem wünschenswerten Superfood-Ergänzung für Säfte.

Hinweise Mangostane wird bei uns meist als fertiger Saft verkauft, den ich für die Rezepte in diesem Buch empfehle. Aber wenn Sie frische Mangostane bekommen können – sie ist so ein Leckerbissen!

Noni

Oh Noni. Was machen wir nur mit dir? Du hast wirklich so viele Vorzüge, und doch schmeckst du … so furchtbar. Manchmal wird die Nonifrucht auch als „Hungerfrucht" bezeichnet, und mir ist nicht klar, ob sie diesen Spitznamen ihren beeindruckenden lebenserhaltenden Nährstoffen verdankt oder einfach der Tatsache, dass man am Verhungern sein muss, bevor man auf die Idee kommt, so etwas Scharfes und Bitteres zu essen. Diese helle ovale Frucht stammt aus Südostasien und ist in Gesundheitszirkeln sehr beliebt, spielt aber sonst kaum eine kulinarische Rolle.

Vorzüge Nur nicht die Nase rümpfen: Die Nonibeere ist wirklich ein Superfood und bietet ein breites Spektrum an Vorzügen. Ihre Antioxidantien und sekundären Pflanzenstoffe sollen das Immunsystem stärken, entzündungshemmend und verdauungsfördernd wirken, die Oxidation verlangsamen oder verhindern, außerdem Schmerzen lindern und sogar gute Laune fördern, indem sie den Serotoninspiegel erhöhen.

Hinweise Der einfachste Weg, um Noni in Saftrezepte einzubauen, ist, kleine Mengen des reinen, fertigen Nonisafts zu verwenden, der über gute Lieferanten (siehe Seite 226) bezogen werden kann. Wenn Sie zufällig frische Nonibeeren finden, wird ihr Geschmack nicht so stark sein wie der von frisch gepresstem Saft. Da der Nonisaft alle anderen Aromen derart intensiv übertönt, habe ich ihn für nur ein Rezept in diesem Buch verwendet, das bemerkenswert gut ist und für das ich seinen Geschmack getarnt habe (siehe Seite 183). Während ich Sie ermutige, Nonibeeren in welcher Form auch immer aus gesundheitlichen Gründen zu verwenden, kann ich Sie nur bitten, vorsichtig zu sein, wenn Sie diese einzigartige Frucht zu kulinarischen Zwecken wollen.

✳ SUPERWURZELN

Wurzeln sind Magnete für Mineralien. Das ist sinnvoll: Für die meisten Pflanzen sind ihre Wurzeln der erste Kontaktpunkt, mit dem sie Nahrung aus der Erde (die Mineralstoffe im Überfluss enthält) absorbieren, und oft speichern sie während der gesamten Lebensdauer der Pflanze reichlich von diesen gesunden Einlagerungen. Viele der besten Naturheilmittel basieren auf der Verwendung von heilsamen Wurzeln, die oft so wirksam sind, dass ihre Nährstoffe sorgfältig extrahiert und in sehr kleinen Mengen in Tinkturen und Rezepturen mit vielen Bestandteilen verwendet werden müssen. Es gibt jedoch einige Wurzeln, die in Bezug auf Nährstoffpower ganz oben stehen und dennoch beim täglichen Kochen Verwendung finden können. Die Wurzeln in diesem Abschnitt – Klettenwurzel und Macawurzel – gehören zu den „lebensmitteltauglichen" Sorten und sind unglaubliche Ergänzungen für die Säfte in diesem Buch.

Klettenwurzel

Diese braune, holzige, bittere Wurzel (auch Gobo genannt) ist ein in der japanischen Küche sehr beliebtes Gemüse. Mit zunehmendem Alter wird sie deutlich faseriger (und produziert weniger Saft). Daher ist es wichtig, möglichst frische Wurzeln zu kaufen. Ein einfacher Test, bei dem die Wurzel sanft gebogen wird, kann Aufschluss darüber geben, wie frisch sie ist: Je steifer die Wurzel, desto frischer ist sie.

Vorzüge Klettenwurzel wird aufgrund ihres immensen Heilungspotenzials oft in der östlichen Medizin eingesetzt, vor allem zur Entgiftung. Weil sie so reich an Phenolverbindungen (eine Art der Antioxidantien) ist, gilt Klettenwurzel als Blutreiniger, der sowohl auf das Immunsystem stärkend wie auch entzündungshemmend, antibakteriell, antimykotisch und gegen Tumore wirkt. Sie entwässert, fördert die Verdauung, gleicht den Hormonspiegel aus, reinigt die Leber und wird oft bei Haut-, Gelenk- und Drüsenproblemen eingesetzt.

Hinweise Klettenwurzel wird am besten frisch verwendet. Man findet sie in manchen Reformhäusern, asiatischen Lebensmittelgeschäften und gelegentlich sogar auf Wochenmärkten. Die Wurzel wird in der Regel ohne Stiele und Blätter verkauft. Klettenwurzel ist ziemlich stark sowohl im Geschmack als auch in der Wirkung. Man braucht also immer nur ein paar Zentimeter, um von ihren Vorzügen profitieren zu können. Nach dem Anschneiden oxidiert sie ziemlich schnell und wird grau-braun, aber diese Verfärbung ist kein Grund zur Beunruhigung (und kann mit etwas Zitronensaft verhindert werden).

Maca

Maca, eine rettichartige Wurzel, ist in höheren Lagen der peruanischen Anden heimisch und wird in Südamerika seit Jahrhunderten verwendet. Macawurzel in Säften zu verwenden, setzt das Verstehen ihrer Geschmackssprache voraus. Mit anderen Worten: Sie ist potenziell köstlich, aber geschmacklich etwas limitiert. Der malzige, erdige, leicht süße Geschmack der Macawurzel passt wunderbar zu dem anderer Wurzeln und Knollen, aber selten zu Obst und anderen Gemüsesorten.

Vorzüge Maca gehört zu einer ganz besonderen Klasse von Pflanzen, den Adaptogenen, von denen man annimmt, dass sie dem Körper helfen, sich an seine Umwelt anzupassen und den schädlichen Auswirkungen von Stress zu widerstehen. Als Mitglied dieses exklusiven Clubs bietet Maca Energie durch nachhaltige Ernährung statt durch Aufputschmittel wie Koffein. Maca wirkt über die Nebennieren (zuständig für die Adrenalinproduktion, Anm.d.V.) und sorgt für eine gesunde Balance im Körper, indem sie Stress mindert und die Hormone ausgleicht. Darüber hinaus ist Maca auch ein bewährtes Aphrodisiakum, sowohl für Männer als auch für Frauen.

Hinweise Wenn Sie nicht gerade in Südamerika leben, ist es sehr unwahrscheinlich, dass Sie an frische Macawurzel kommen. Daher nennen die Rezepte in diesem Buch leichter erhältliche pulverisierte Varianten. Sie können wählen zwischen rohem Macapulver, das einfach aus der ganzen getrockneten Wurzel gemahlen wird, oder einem gelierten Pulver – einer bekömmlicheren, konzentrierten Version von Maca, bei der die Wurzelstärke entfernt wurde. Um Klumpenbildung zu vermeiden, empfehle ich, die Macawurzel mit einem Mixer gründlich in den Saft einzurühren. Bitte denken Sie daran, dass Maca ein sehr potentes Superfood ist, das mit Augenmaß in die Ernährung eingebracht werden sollte. Viele Menschen nehmen zur Erhaltung ihrer Gesundheit einmal täglich einen Teelöffel bis einen Esslöffel davon.

✳ SUPERSAATEN

Sie können Saaten zwar nicht entsaften, aber ein paar ausgewählte Samen bringen bestimmte Nährstoffe in den Saft – Ballaststoffe und gesunde Fette beispielsweise, die man durch Entsaften herkömmlicher Produkte nicht bekommt. Diese „Supersamen", etwa die nachstehend beschriebenen, sind gut geeignet, um die ernährungsphysiologischen Bedürfnisse Ihres Körpers ausgewogen zu befriedigen, vor allem während einer reinigenden Saftkur, denn sie enthalten lebenswichtige Nährstoffe wie Omega-Fettsäuren und vollwertiges Eiweiß.

Chiasamen

Diese winzigen Samen waren in einigen südamerikanischen Kulturen ein wichtiges Grundnahrungsmittel und scheinen auch in medizinischer Hinsicht sehr interessant zu sein. Für die Saftzubereitung können sie wegen ihrer Vielseitigkeit eine überraschend große Rolle spielen. Obwohl sich Chiasamenpulver (und auch Leinsamenpulver, das viele ähnliche ernährungsphysiologische Eigenschaften hat und ebenfalls ein Superfood ist) auch gut in Säften einsetzen lässt, verwende ich für die Rezepte in diesem Buch ungemahlene, ganze Chiasamen, weil sie jeder Art von Saft zugefügt werden können, ohne seinen Geschmack zu verändern.

Varianten Für Saftrezepte verwenden Sie ganze Chiasamen. Sie sind häufig bräunlich-grau, obwohl auch weiße Chiasamen auf dem Markt sind (die manchmal unter Markennamen verkauft werden). Die ernährungsphysiologischen und geschmacklichen Unterschiede zwischen diesen Farbvarianten kann man vernachlässigen. Chiasamenpulver (fein gemahlene Chiasamen) eignet sich nicht für die Saftherstellung, weil es die Säfte schnell zu sehr eindickt.

Vorzüge Chiasamen gehören zu den besten Lieferanten für Omega-3-Fettsäuren auf dem Planeten – nicht nur unter den Pflanzen, sondern unter allen Nahrungsmitteln! Chiasamen enthalten auch Eiweiß, außergewöhnlich viele Mineralien wie etwa Kalzium und haben einen extrem hohen Ballaststoffanteil.

Hinweise Eine der einzigartigen Eigenschaften von Chiasamen ist ihr hoher Anteil an einer Substanz namens Muzilago (Schleimstoff), die es ihnen ermöglicht, Wasser bis zum Acht- oder Neunfachen ihres Gewichts aufzunehmen, wenn man sie einweicht. Die meisten Menschen empfinden es als angenehm, einen mit Chia verdickten Drink im Mund zu haben, weil er sich in kleine Bällchen verwandelt, die gekaut werden können und so wohlig die Kehle hinunterrutschen. Der Schlüssel zu dieser perfekten Konsistenz ist, dass Sie die Chiasamen sehr gründlich in die Drinks mixen, sonst kleben sie zusammen und bilden Klümpchen.

Hanfsamen

Hanfsamen sind klein und nussig im Geschmack. Sie können einen Saft milchiger machen und die Aromen harmonisieren, besonders wenn man Saft aus Wurzeln und bestimmten Gemüsesorten herstellt.

Varianten Hanfsamen und Hanfproteinpulver sind beide wunderbare Ergänzungen zu Säften. Beachten Sie, dass die essbaren Hanfsamen, die man in Naturkostläden und manchen Supermärkten bekommt, sich von Marihuana unterscheiden und kein nachweisbares THC (der Wirkstoff im Marihuana, der „high" macht) enthalten.

Vorzüge Hanf ist eine umfassende Quelle für pflanzliches Eiweiß, essenzielle Fettsäuren und viele Mineralstoffe – alles in allem eine wunderbare Bodybuilding-Nahrung für Kraft, Ausdauer, Herz-Kreislauf-Gesundheit und gesunde Gelenke. Hanf gehört auch zu den wichtigsten basenbildenden Nüssen und Samen und hilft als entzündungshemmendes Nahrungsmittel, die Körperchemie auszugleichen.

Hinweise Wählen Sie immer geschälte Hanfsamen und verwenden Sie einen Mixer, um die kleinen, weichen Samen cremig in Ihren Saft zu rühren. (Hanfsamen müssen vor dem Mischen nicht eingeweicht werden.) Eine noch cremigere Konsistenz erhalten Sie, indem Sie die „Hanfmilch" durch ein feines Sieb oder eine Gaze streichen. Bewahren Sie Hanfsamen im Kühlschrank auf. So bleiben sie länger frisch.

Kakao

Kakao = rohe Schokolade … Muss ich noch mehr sagen? Jede Schokolade stammt ursprünglich aus den großen Samen, den sogenannten „Bohnen" des Kakaobaums. Als alleinige Zutat schmeckt Kakao wie eine bittere, ungesüßte Form der dunkelsten Schokolade. Er wird nicht oft in Säften eingesetzt, da viele Fruchtsäfte und definitiv die meisten Gemüsesäfte vom Geschmack her nicht schokoladenfreundlich sind. Allerdings kann man Kakao einigen Säften zusetzen, die Pflanzenpasten enthalten, oder ihn in Saftdesserts verwenden.

Varianten Rohkakao wird oft mit herkömmlichem Kakaopulver verwechselt. Dieses ist die geröstete oder sonstwie verarbeitete Form von Kakao – das Resultat eines Prozesses, in dem die Nährstoffe des Kakaos vermindert werden, vor allem die Antioxidantien. Unser Favorit ist das Pulver aus Rohkakao, man kann aber durchaus auch Pulver aus geröstetem oder anderweitig bearbeitetem Biokakao (ohne Zusatzstoffe oder Zucker) verwenden.

Vorzüge Die Vorzüge von Kakao sind überwältigend, und vielleicht ist es die uralte Leidenschaft unserer Spezies für Schokolade, die Generationen von Forschen beflügelt hat, sich mit den heilenden Kräften von Kakao zu beschäftigen. Kakao ist ein Superfood, das es einem leicht macht, es zu mögen. Sein eindrucksvoll hoher ORAC-Wert *(Oxygen Radical Absorbance Capacity,* die Maßeinheit für den Gehalt an Antioxidantien), fördert die Gesundheit des Herzens und der Blutgefäße und mindert den oxidativen Stress (Zellalterung). Seine außergewöhnliche Konzentration an Mineralien wie Magnesium und Eisen bis hin zu seinen besonderen Polyphenolverbindungen (Flavonoide) fördern, wie Forschungsergebnisse gezeigt haben, die positive Stimmung und steigern die Energie.

Hinweise Verwenden Sie für Ihre Saftrezepte Kakaopulver von höchster Qualität und benutzen Sie immer einen Mixer, damit sich alles gut mischt.

✳ WEITERE BESONDERS ZU ERWÄHNENDE SUPERFOODS

Irgendwo gibt es für die meisten von uns eine klare Grenze, was die Anzahl verschiedener exotischer Speisen und Superfoods angeht, die wir in der Küche bereithalten wollen. Dennoch ermutige

ich immer zu neuen kulinarischen Exkursionen – sie sind ein Teil des großen Abenteuers Leben (wie eine Reise zu einem Ort, an dem man noch nie war). Mit dem Geist der Vielfalt im Hinterkopf weise ich darauf hin, dass es *noch so viele* unglaubliche pflanzliche Essbarkeiten mehr gibt, die in diesem Buch gar nicht verwendet werden. Auf diese Zutaten wurde aus einer Reihe von zwingenden Gründen verzichtet: Sie sind entweder schwerer erhältlich als andere Superfoods, oder sie sind ziemlich teuer und nicht effizient zu entsaften. Oder ihre ernährungsphysiologischen Vorteile werden noch untersucht. Aber wenn Sie abenteuerlustig sind, würde ich Ihnen gern ein paar weitere interessante Nahrungsmittel vorstellen. Ob Sie sie als Frischware in den Regalen eines gut sortierten Bioladens entdecken oder online ausfindig machen, ziehen Sie die folgende Liste in Erwägung, wenn Sie nach faszinierenden potenziellen Ergänzungen Ihrer frischen Säfte suchen. Und ja, jedes von ihnen ist ein selbstständiges Superfood!

Aloe vera
Aloe, eine große Pflanze aus der Familie der Sukkulenten mit dicken, heilenden Blättern, ist ein entzündungshemmendes Nahrungsmittel. Sie stärkt das Immunsystem und fördert die Verdauung.

Andenbeeren / Kapstachelbeeren / Physalis*
Diese kugelrunden, gelben Beeren sind aufgrund ihres hohen Gehalts an Bioflavonoiden exzellente

Entzündungshemmer. Sie werden frisch oder sonnengetrocknet angeboten und haben einen süß-säuerlichen Geschmack mit blumigem und pfirsichartigem Unterton. Physalispulver (in manchen Bioläden und online erhältlich) sorgt für einen exquisit pikanten Geschmacksschub, wenn es in Fruchtsäfte gerührt wird.

Baobab-Pulver*
Ein afrikanisches Superfood, reich an Antioxidantien, Mineralien wie Kalzium und Vitaminen wie Vitamin C, das angeblich die Energie steigert und eine gesunde Haut fördert. Der beliebte fruchtige, melonenähnliche Geschmack von Baobab, bei uns als Pulver erhältlich, ist eine wunderbare Ergänzung für süße Säfte.

Chlorophyllextrakt
Dieses stark raffinierte Chlorophyllkonzentrat, oft aus Brennnesseln, Luzerne oder Minze gewonnen, wird leicht vom Körper aufgenommen, gleicht den pH-Wert aus und hilft bei der Bildung von gesundem Blut. Verwenden Sie es, um die ernährungsphysiologische Wirkung (und die kräftige Farbe) grüner Säfte zu steigern. Sorten ohne Minze haben praktisch keinen Eigengeschmack.

Cupuaçu-Pulver*
Die Amazonasfrucht, eine Verwandte des Kakaos, hat eine ungewöhnliche cremige Konsistenz und einen tropischen Fruchtgeschmack. Cupuaçu ist voll von Antioxidantien, Fettsäuren

und Vitaminen, die das Immunsystem stärken, den Stoffwechsel anregen und die Energie steigern. Mischen Sie es in Pulverform in Ihre Säfte.

Holunderbeeren*
Diese aromatisch herben Beeren sind reich an antioxidativen Verbindungen, insbesondere Anthocyan, die durch Kochen zugänglich gemacht werden. Holunderbeersaft wird gerne zur Stärkung des Immunsystems konsumiert.

Kelp-Pulver*
Kelp ist eine echte (Braun-)Alge und wird oft zur Unterstützung der Schilddrüse und des Stoffwechsels eingesetzt. Sie ist reich an Fucoxanthin, einem Antioxidans, das die Leber sowie die Blutzellen des Gehirns, der Knochen, der Haut und der Augen schützt. Obwohl nur sehr wenig pro Portion benötigt wird, hat Kelp-Pulver einen starken „Meeresgeschmack" und passt am besten zu Gemüsesäften.

Matcha-Pulver
Matcha aus gemahlenen grünen Teeblättern schützt Zellen vor oxidativem Stress (Anti-Aging). Versuchen Sie ein wenig in grünen Säften.

Maulbeeren*
Diese süßen Beeren sind weiß bis rötlich-lila und eine ausgezeichnete Quelle des Anti-Aging-Antioxidans Resveratrol. Getrocknete Beeren haben einen intensiveren Geschmack als frische.

Sacha Inchi*

Diese großen Samen schmecken ähnlich wie Erdnüsse und sind außergewöhnlich reich an Omega-3-Fettsäuren, Eiweiß und Mineralstoffen. Die ganzen Samen oder Sacha-Inchi-Proteinpulver können in cremige Wurzelsäfte gemischt werden.

Sauerkirschsaft*

Es konnte gezeigt werden, dass Sauerkirschen eine stark entzündungshemmende Wirkung haben und Studien zufolge bei Arthrose helfen. Fertiger Sauerkirschsaft, der in vielen Bioläden in Flaschen angeboten wird, kann mit frisch gepressten hausgemachten Säften gemischt werden.

Tocotrienol*

Ein Pulver aus gemahlener Reiskleie, das außergewöhnlich reich an Vitamin E ist.

Vitalpilz-Pulver (Chaga, Reishi, Shiitake etc.)*

Diese kraftvollen Pilze bieten eine intensive Unterstützung des Immunsystems und sogar Anti-Krebs-Wirkungen.

Yacon-Wurzel*

Diese Knolle, die oft „Apfel aus der Erde" genannt wird, bietet aufgrund ihrer Konzentration an FOS (Fruktooligosaccharide) Süße mit sehr wenigen Kalorien und wenig Zucker und wird oft von Menschen mit Störungen des Blutzuckerhaushalts verwendet. Weil sie Präbiotika enthält, kann Yacon auch eine gesunde Verdauung fördern.

Getrocknete Yacon-Scheiben können in Saft eingeweicht und/oder gemixt werden, um einen süßen, rauchigen Apfelgeschmack zu erzeugen.

*Findet in keinem Rezept dieses Buches Verwendung; nur zur Anregung weiterer Superfood-Entdeckungsreisen aufgelistet.

DER LETZTE SCHLIFF FÜR DEN GESCHMACK

Fast jedes Rezept profitiert von Zutaten, die ihm den letzten Schliff geben und den Geschmack des Ganzen abrunden. Säfte bilden da keine Ausnahme. Der Witz daran ist, dass diese Zutaten – die „Harmonisierer" – nicht nur dem Rezept das gewisse Etwas geben, das es von „ganz gut" zu „absolut faszinierend" katapultiert, sondern auch ihre ganz speziellen Eigenschaften haben, von denen viele als heilend gelten. Wenn Sie Ihren Säften eine eigene Handschrift geben möchten, können Sie sich auf diese natürlichen Helfer verlassen:

Zitronen und Limetten
Ingwer
Kurkuma
Minzeblätter oder -extrakt
Vanilleextrakt
Gewürze in Pulverform (Zimt, Muskatnuss etc.)
Lucumapulver
Peperoni und Chili (auch Cayennepfeffer)
Steviapulver/-extrakt

ENTSAFTER – EIN ÜBERBLICK

Wenn Sie nicht gerade mit einem eingefleischten Saftenthusiasten sprechen, kommen die meisten Menschen mit dem gleichen Geständnis: Ja, frisch gepresster Saft ist lecker, eindeutig ein Segen für die Gesundheit und total angesagt …, aber es gibt da eine Sache: Das *Herstellen* des Safts kann lästig sein. Ach ja, genau da war ich auch schon. Die Wahrheit ist natürlich, dass die *Maschinen* zur Saftherstellung lästig sein können. Warum sonst würden Menschen Hunderte von Euros für Säfte in Flaschen ausgeben, wenn sie das Gleiche zu Hause für die Hälfte der Kosten machen könnten? Als Langzeitentsafterin, mittlerweile mit der vierten Maschine, stimme ich voll und ganz zu: Es ist wahr, viele Entsafter sind nervig zu bedienen. Die gute Nachricht: Das muss nicht sein! Es hängt wirklich alles von der richtigen Art der Maschine ab. Es sollte eine sein, die Sie wirklich motiviert, das Entsaften zu einem Teil Ihres Lebensstils zu machen.

VERSCHIEDENE ARTEN VON ENTSAFTERN

Ältere Entsafter sind peinlich kompliziert. Jedes Mal, wenn ein Saft zubereitet wurde, müssen eine Milliarde Teile demontiert, gereinigt und wieder zusammengebaut werden. Es ist ein Horror, das alles zu reinigen. Mein Nachbar hat einen „antiken" Premiumentsafter aus den 1970er-Jahren in seiner Garage. Er sieht aus wie ein Maschinengewehr, wiegt so viel wie ein Panzer, und ihn zusammenzubauen, ist eine ähnlich herausfordernde geistige Leistung wie ein Intelligenztest. Kein Wunder, dass damals so wenig entsaftet wurde.

Glücklicherweise sind Entsafter mittlerweile technisch besser geworden, aber der Kauf einer Saftpresse kann einen immer noch ziemlich überfordern. Abgesehen davon, dass so viele Marken zur Wahl stehen, hat jede Maschine spezielle Merkmale, von denen nicht alle für jeden Zweck wichtig und/oder nützlich sind. Die häufigste Frage, die mir zu diesem Thema gestellt wird, hat nichts mit dem Nutzen für die Gesundheit oder irgendwelchen Rezepten zu tun, sondern lautet einfach: „Welchen Entsafter soll ich nehmen?"

Wenn Sie nicht Unmengen an Euros für einen professionellen oder kommerziellen Entsafter hinblättern möchten, gibt es zwei gängige Arten von Maschinen, die absolut ausreichend (und weit weniger teuer) für das tägliche Entsaften zu Hause sind: Zentrifugen- und mastizierende Entsafter. Wie Sie auf der nächsten Seite lesen können, sind sie ziemlich unterschiedlich.

Weil es für beiden Arten starke Verkaufsargumente gibt, kann die Wahl zur echten Herausforderung werden. (Kann es nicht nur einen Entsafter geben, der *alles* perfekt entsaftet?) Ich persönlich hatte schon Zentrifugen- und mastizierende Entsafter. Ich kann Ihnen zwar versichern, dass ich mit meinem mastizierenden Entsafter ein paar unglaubliche grüne Säfte gemacht habe, aber er stand auch viel zu lange unbenutzt herum, weil ich es so schlimm fand, ihn zu reinigen, und selbst auf die Gefahr hin, allzu dramatisch zu klingen: Ich hatte immer das Gefühl, dass ich meine Zeit auch noch mit anderen Dingen verbringen wollte als mit Saftbereitung und der ganzen Reinigungsprozedur danach.

Als ich schließlich einen Zentrifugenentsafter erwarb – einen *Breville Juice Fountain Duo,* um genau zu sein – und damit zu arbeiten begann, wendete sich das Blatt. Diese Maschine produziert Saft unglaublich schnell, ist in einer Minute wieder sauber, und der Saft schmeckt großartig. Ich bin ganz begeistert

davon, und es ist die ideale Maschine für alle, die regelmäßig Saft herstellen wollen, aber wenig Zeit haben (wie ich). Das ist das ultimative Geheimnis, wenn es darum geht, den besten Entsafter auf dem Markt zu finden: Kaufen Sie den, mit dem Sie am meisten *Spaß* haben!

ZENTRIFUGENENTSAFTER

Diese Maschinen arbeiten mit einer runden Scheibe, die sich mit hoher Geschwindigkeit dreht und frische Produkte schnell in Fruchtfleisch und Saft verwandelt.

Pro

- Entsaftet schnell
- Weniger Vorbereitungszeit (Obst und Gemüse kann in großen Stücken in die Maschine gegeben werden)
- Leicht zu reinigen
- Preisgünstig

Contra

- Geringere Saftausbeute (das separierte Fruchtfleisch ist manchmal noch voller Saft)
- Kürzere Haltbarkeit des Safts
- Eher laut
- Weniger effizient beim Entsaften von grünem Blattgemüse

Am besten geeignet zum Entsaften großer Mengen wässriger und/oder knackiger Produkte, wie Gurken, Sellerie, Karotten oder Äpfel. Im Prinzip alle Basiszutaten, die auf den 21 bis 25 genannt werden.

MASTIZIERENDE ENTSAFTER

Mastizieren bedeutet, Essen zu einem Brei zu kauen, zu mahlen oder zu kneten, und genau so arbeiten diese Entsafter. Mit Hilfe von einer oder zwei langen Walzen (je nach Modell) wird das Produkt „gekaut" und ausgedrückt, um seinen Saft zu gewinnen.

Pro

- Höhere Saftausbeute (vor allem aus grünem Blattgemüse)
- Längere Haltbarkeit des Safts
- Eher leise

Contra

- Schwer zu reinigen (mehr Teile)
- Viel langsameres Entsaften
- Eher teuer
- Weniger effizient beim Entsaften von wässrigem Obst und Gemüse

Am besten geeignet für Blattgemüse, Gräser (frisches Weizengras) und Sprossen sowie sehr faserige Produkte, wie Kohl, Petersilie.

BLATTGEMÜSE IM ZENTRIFUGENENTSAFTER

Obwohl das Entsaften von grünem Blattgemüse und Kräutern mit einem Zentrifugenentsafter nicht die effizienteste Methode ist, heißt das nicht, dass Sie sich einen zweiten Entsafter anschaffen müssen. Probieren Sie stattdessen ein paar dieser zentrifugenspezifischen Tricks, um die maximale Menge an Saft zu bekommen.

◆ Packen Sie das Blattgemüse fest zu einem Bündel zusammen. Der Entsafter kann eine feste Masse besser „erkennen" als zarte einzelne Blätter.

◆ Verwenden Sie ein großes, robustes Blatt (Römersalat ist sehr gut) und wickeln Sie es um die anderen Blätter oder Kräuter, wie bei einem Krautwickel.

◆ Wählen Sie, falls Sie die Geschwindigkeit Ihres Entsafters regulieren können, immer die niedrigste Stufe, wenn Sie das Blattgemüse entsaften.

◆ Nehmen Sie größere Blätter, weil sie sich besser entsaften lassen als kleinere – ein guter Grund, beispielsweise „normale" Spinatbüschel zu kaufen und keine losen Babyspinatblätter.

HILFREICHE KÜCHENGERÄTE

Ein Entsafter deckt zwar 99% dessen ab, was an Geräten zur Saftbereitung erforderlich ist, aber es gibt noch ein paar andere, die auch sehr hilfreich sind und die man zur Hand haben sollte, wenn man sich eine Superfood-saftfreundliche Küche einrichtet. Spezifische Produktempfehlungen und entsprechende Bezugsquellen finden Sie auf Seite 226.

SHAKER/MIXBECHER

Einen Shaker zu verwenden, ist eine effektive Methode, um pulverisierte Superzutaten manuell in frisch gepresste Säfte einzuarbeiten. Diese preisgünstigen, verschließbaren Behälter sind aus Kunststoff, Glas (noch besser) oder Edelstahl gefertigt und haben oft einen trinkfreundlichen Deckel, was sie hervorragend geeignet für Säfte zum Mitnehmen macht. Ein weiterer Bonus: Sie sind sehr leicht zu reinigen.

STANDMIXER

Für das Mischen von Säften mit nicht pulverisierten Superfood-Zutaten, wie Hanfsamen oder Gojibeeren, ist ein Mixer unentbehrlich. Lassen Sie sich von diesem zusätzlichen Schritt nicht abschrecken: Ein schnelles Mixen kann ein Saftrezept in außergewöhnliche Höhen schrauben, sowohl in geschmacklicher als auch ernährungsphysiologischer Hinsicht. Beispielsweise kann man durch Mischen von Hanfsamen in einen frischen Saft ein cremigeres, geschmacklich ausgewogeneres Getränk herstellen, während man gleichzeitig Eiweiß, Mineralstoffe und essenzielle Fettsäuren wie Omega-3-Fettsäuren zugibt. Mit einem Mixer können Sie auch frische Säfte in andere Arten von Rezepten integrieren, etwa in die gefrorenen Leckereien ab Seite 182. Für die Saftrezepte in diesem Buch können Sie jede Art von Mixer verwenden. Allerdings haben High-Speed-Mixer bei häufigem Gebrauch allgemein eine viel längere Lebensdauer als ihre preiswerten Gegenstücke, sind also die Investition wert. (Ich habe meinen High-Speed-Mixer jetzt mehr als sieben Jahre, nutze ihn konsequent mehrmals am Tag für verschiedene Anwendungen, und er läuft immer noch wie neu.)

GEWEBESIEB/FILTERGAZE

Ein kleines Gewebesieb ist ein relativ preiswerter Artikel, und aus einer ganzen Reihe von Gründen ist es wichtig, eines zur Hand zu haben. Zum einen verhindert es, dass Kerne in den Saft geraten, wenn Sie Zitrusfrüchte wie Zitronen und Limetten entsaften. Zum anderen profitieren einige Säfte und Saftmischungen sehr davon, dass sie mindestens einmal durchgesiebt werden, denn das gibt ihnen mehr Geschmeidigkeit, was den Genuss steigert, wenn Sie den Saft trinken. Unterschätzen Sie die Macht der Konsistenz nicht, auch wenn es „nur" um Saft geht!

MANUELLE ZITRUSPRESSE

Große Zitrusfrüchte können direkt in die Saftpresse gegeben werden, wenn es ein Zentrifugenmodell ist, aber es ist besser, Zitronen und Limetten getrennt auszupressen, bevor man sie mit anderen Säften mischt, da die weißen Trennwände von Zitrusfrüchten besonders bitter sind. Wenn Sie den Saft von nur einer Zitrone oder Limette brauchen, ist es vermutlich am einfachsten, sie mit der Hand auszudrücken, aber wenn Sie vorhaben, große Mengen von Zitronen-/Limettengetränken zu produzieren, verkürzt eine spezielle Zitruspresse die Arbeit. Obwohl es viele Zitruspressen und sogar elektrische Spitzenmodelle gibt, wird in diesem Bereich nichts Ausgefallenes gebraucht. Ich persönlich benutze eine einfache manuelle Zitruspresse, die ich für wenig Geld gekauft habe.

GUTE MESSER

Machen Sie sich das Schneiden nicht schwerer als nötig! Geld, das Sie für ein hochwertiges Kochmesser und ein Schälmesser ausgeben, ist gut angelegt. Die Vorbereitungszeit ist viel kürzer, und Sie reduzieren das Verletzungsrisiko, wenn Sie mit scharfen Messern arbeiten. Die beste Art von Messer ist das, was am besten in der Hand liegt. Machen Sie in einem Haushaltswarengeschäft eine „Schneidprobe", bevor Sie Ihre Wahl treffen.

FEST VERSCHLIESSBARE GLASGEFÄSSE

Egal, ob Sie Marmeladengläser oder Getränkeflaschen wiederverwenden oder sich günstige Weckgläser besorgen: Es ist praktisch, eine kleine Sammlung von Glasbehältern (mit Deckel!) bereitzuhalten, um Extrasaft aufzubewahren und zu transportieren.

Superfoo

GRUNDTECHNIKEN FÜR DIE HERSTELLUNG VON SUPERFOOD-SÄFTEN

In den Rezepten dieses Buches wird der Nährwert von frisch gepressten Säften mit Superfoods maximiert, wobei immer eine spezielle Technik eingesetzt wird, um die unglaublichsten Produkte, die in der Natur zu finden sind, einzuarbeiten. Es versteht sich von selbst, dass sich nicht jedes Superfood der Welt für die Saftzubereitung eignet. (Entsaftet jemand Algen? Ich denke nicht.) Die meisten Superfoods können jedoch mit Hilfe der vier verschiedenen Techniken, die ich hier vorstelle, in Säfte eingearbeitet werden.

1. FRISCH PRESSEN

Wann immer Verfügbarkeit und Kosten es erlauben, sollten Sie Saft frisch zubereiten. In einer idealen Welt hätten wir die Möglichkeit, Saft aus frischen Bio-Superfoods zu machen, wann immer wir wollen.

In der Praxis bekommen wir vielleicht Spinat oder Erdbeeren in Bioform, aber viele in anderen Ländern heimische Superfoods müssen vor dem Export sorgfältig getrocknet oder sonstwie haltbar gemacht werden, um ihre Nährstoffe zu bewahren. Und da wir nicht alle auf den Hochebenen der peruanischen Anden leben können, wo Maca gedeiht, oder in Brasilien am Amazonas, wo Acaibeeren geerntet werden,

ENTSAFTEN OHNE ENTSAFTER

Wenn Sie keinen Entsafter haben, weil Sie keinen kaufen wollen oder sich keinen leihen können, ist nicht alles verloren. Sie können stattdessen einen Mixer nehmen. Die Mixermethode erfordert zwar etwas mehr Handarbeit, aber sie ist definitiv nicht schwierig. Es versteht sich jedoch von selbst, dass sich die Investition in einen echten Entsafter früher oder später lohnt, wenn die Saftzubereitung zum regelmäßigen Bestandteil Ihres Lebensstils wird.

Statt eines Entsafters brauchen Sie in diesem Fall:

- Standmixer
- Große Schüssel
- Nussmilchbeutel (siehe Bezugsquellen Seite 226) oder 2 Lagen Gaze, groß genug, um das Innere der Schüssel ganz zu bedecken und noch 2 bis 3 Zentimeter über deren Rand hinauszuhängen.

(siehe Bezugsquellen Seite 226)

ANLEITUNG:

1. Hacken Sie Ihr Rohmaterial oder schneiden Sie es in Würfel und geben Sie es in den Mixer, das wässrigste und safthaltigste Material den Klingen am nächsten.

2. Versuchen Sie es zu mixen. Wenn der Mixer stottert oder Ihr Material zu hart ist, gießen Sie von Zeit zu Zeit nur so viel Wasser dazu, dass der Mixer alles verarbeiten kann. Mixen Sie alles so lange, bis ein breiiger Smoothie entstanden ist.

3. Kleiden Sie das Innere der großen Schüssel mit einem Nussmilchbeutel oder zwei Lagen Gaze aus und gießen Sie etwas von der Breimischung darauf. Drücken Sie den Beutel/ die Gaze mit der Hand aus, um so viel Saft wie möglich zu extrahieren. Entsorgen Sie das trockene Fruchtfleisch und wiederholen Sie das Ganze mit der restlichen Mischung.

müssen wir diese speziellen Superfoods in den Formen verwenden, in denen sie erhältlich sind (Pulver, Trockenfrüchte, haltbar gemachter Saft etc.) und mit den hier aufgeführten Techniken integrieren. Zum Glück gibt es ein reichhaltiges Sortiment einheimischer Superfoods – Blattgemüse, Kräuter, Wurzeln, Beeren – frisch zu kaufen, aus dem man wirklich frisch gepressten Superfood-Saft machen kann.

2. FERTIG KAUFEN

Glauben Sie mir, die Ironie ist mir bewusst, die darin liegt, in einem Buch über frische Säfte zu empfehlen, gelegentlich fertig gekauften Saft zu verwenden. Aber es gibt ein paar wirklich gute Gründe, dies zu tun, und viele unglaubliche Superfoods sind als fertig gekaufte Säfte einfach am besten. Nehmen wir beispielsweise

Sanddorn, der neben seinen immunstärkenden und hautverbessernden Eigenschaften auch einen charakteristischen Zitrusgeschmack mit Honiguntertönen zu bieten hat. Frischer Sanddorn ist in den meisten Regionen der Welt äußerst schwierig, wenn nicht unmöglich zu finden, aber er wird als absolut gesunder Saft in Flaschen angeboten (siehe Bezugsquellen auf Seite 226). Dass Sie bestimmte Superfoods nicht frisch zum Entsaften bekommen können, bedeutet nicht, dass Sie auf deren Vorteile verzichten müssen. In diesem Buch empfehle ich manchmal die Zugabe geringer Mengen dieser „Power-Säfte", um Ihre frisch gepressten Säfte noch leckerer und vitalisierender zu machen.

Ein weiterer Grund, über fertige Superfood-Säfte nachzudenken, sind die Kosten. Es ist zwar möglich, frischen Saft aus einigen der leichter erhältlichen Superfoods zu machen, aus Granatapfel beispielsweise, aber die meisten haushaltsüblichen Entsafter sind dabei nicht besonders effizient. Ich habe frisch gepressten Granatapfelsaft zu Hause (und glauben Sie mir, er schmeckt überirdisch lecker), aber er ist sehr teuer, und Sie brauchen eine enorme Menge an Früchten für eine einzige Portion. Wenn Sie die Mittel und den Wunsch haben, eine frische Version von einem der fertigen Säfte zu machen, die ich in diesem Buch empfehle, lassen Sie sich nicht aufhalten! Frisch ist immer am besten, aber fertige Säfte tun es auch. Das ist kostengünstig, schnell und hat echte Vorteile.

3. EINWEICHEN

Eine weitere Möglichkeit, Superfoods in Ihre selbst gemachten Säfte zu integrieren, ist, sie in getrockneter Form zu verwenden. Sonnengetrocknete Früchte wie Gojibeeren und bestimmte Samen wie Chia brauchen nur 10 bis 20 Minuten, um in Saft weich zu werden und aufzugehen, und können als köstlicher Zusatz genossen werden oder durch den Mixer sausen, wenn man ein geschmeidiges Gebräu haben möchte. Es stimmt zwar, dass es, wenn solche Zutaten auf diese Weise eingearbeitet werden, keinen eigentlichen „Saft" gibt (deshalb sind sie immer Teil eines frischen Safts), doch so vorzugehen lohnt sich: Von den wertvollen Superzutaten gehen keine Nährstoffe verloren!

4. PULVER UNTERMISCHEN

Es ist sehr aufregend, die vielen Superfood-Pulver zu sehen, die es auf dem Markt gibt, denn sie sind ideal, um viele exotische und schwer erhältliche Superfoods in einen Saft zu integrieren. Bei manchen Zutaten, etwa Spirulina, ist Pulver die einzige Form, in der sie verkauft werden. Zu anderen ist Pulver einfach eine der verfügbaren Optionen. Gojibeeren beispielsweise sind am häufigsten sonnengetrocknet oder als Saft erhältlich, aber man bekommt sie auch als Pulver, das sofort und ohne Einweichen in frischen Saft gerührt oder gemixt werden kann (Bezugsquellen für Gojibeeren finden Sie auf Seite 226). Die Rezepte in diesem Buch arbeiten nur mit leicht erhältlichen Superfood-Pulvern, die in den meisten Bioläden oder online zu finden sind, aber es gibt bestimmt noch viele andere unglaubliche Pulver (Physalis- oder Reishipilz-Pulver beispielsweise). Ich ermutige Sie, sie ausfindig zu machen, wenn Sie möchten, und genussvoll mit ihnen zu experimentieren! Gesunde Proteinpulver einzumischen ist ein weiterer wunderbarer Weg, um einen frischen Saft in eine belebende Mahlzeit zu verwandeln.

Hinweis: Da Saftrezepte unglaublich flexibel sind, kann man eine Form oder Methode immer durch eine andere ersetzen, etwa fertigen Gojisaft aus der Flasche einrühren, statt getrocknete Gojibeeren unterzumixen. Es braucht vielleicht ein wenig Feintuning, um den Geschmack oder die Konzentration richtig hinzubekommen, wenn Sie solche Änderungen vornehmen, aber die gesunde Gesamtwirkung ist ähnlich.

HALTBARMACHEN UND LAGERN VON SUPERFOOD-SÄFTEN

Der Prozess des Entsaftens spaltet die Nahrung auf und ist insofern dem ersten Stadium der Verdauung vergleichbar (weswegen Saft so exzellent vom Körper aufgenommen wird). Aber gerade wegen dieser Aufspaltung oxidiert Saft sehr schnell. Eine ganze Gurke beispielsweise bleibt deutlich länger frisch als der entsprechende Saft. Daher steht sowohl aus ernährungsphysiologischer als auch aus geschmacklicher Sicht außer Frage, dass frisch gepresste Säfte am besten auch frisch konsumiert werden. **Idealerweise trinkt man seine hausgemachten Säfte innerhalb von 24 Stunden nach dem Pressen.**

Um ihre Frische optimal zu erhalten, sollten Säfte immer in einem verschlossenen Behälter (vorzugsweise aus Glas) im Kühlschrank aufbewahrt werden. Die meisten Rezepte halten sich im Kühlschrank ein bis zwei Tage mit nur geringen Geschmackseinbußen und moderatem Nährstoffverlust. Grüne Säfte verderben in der Regel schneller als Fruchtsäfte. Säfte aus Wurzeln halten sich oft noch einen Tag länger. Vitamin C ist ein häufig eingesetztes natürliches Konservierungsmittel für Nahrungsmittel (auf abgepackten Säften auch als Ascorbinsäure aufgeführt), und das einfache Zufügen von ein wenig Vitamin-C-reichem, frischem Zitronen- oder Limettensaft ist eine ideale Methode zur Verzögerung der Oxidation.

Wenn Sie mehr frischen Saft haben, als Sie in angemessener Zeit trinken können (und hoffentlich ist das Ihr größtes Problem im Leben), können Sie den Rest auf mehrere Arten verwerten:

Machen Sie Safteiswürfel Füllen Sie den restlichen Saft in einen Eiswürfelbehälter (am besten mit Deckel) und frieren Sie ihn ein. Solche „Saftwürfel" können als Nährstoffbombe in Smoothies verwendet werden. Oder Sie geben sie in geschmackskompatible frische Säfte oder auch in Cocktails für eine eindrucksvolle Optik.

Kreieren Sie gefrorene Desserts Die geschmackliche Dichte von Saft macht ihn zur idealen Basis für Eis am Stiel, Granitas und sogar Eiscremes. Kreieren Sie Ihre eigenen einzigartigen Desserts. Entsprechende Inspiration geben Ihnen die Rezepte für gefrorenen Saft ab Seite 182.

Denken Sie über den Glasrand hinaus
Frischer Saft kann in vielen verschiedenen Rezepten verwendet werden, um Geschmack und Nährwert zu verbessern. Fruchtsäfte können Haferflocken oder Backrezepten statt anderer Flüssigkeiten als natürliches Süßungsmittel zugefügt werden. Integrieren Sie frische grüne Säfte in Smoothies, Proteinshakes und sogar Cocktails. Gemüsesäfte machen sich oft auch unglaublich gut in Suppen und Eintöpfen. Es gibt viele Möglichkeiten, mit frischem Saft kreativ zu sein.

ZIELGERICHTETE CLEANSES MIT SUPERFOOD

Cleanse ist eine körperliche Reinigung zur Entsäuerung und Entgiftung, zur Entschlackung und damit zur Freisetzung neuer Energien (Anm.d.V.).

Legen Sie Ihre Cleanse-Ziele fest. Schauen Sie sich dann die Kuren an, die in diesem Kapitel vorgeschlagen werden, und finden Sie die, die am besten zu Ihren Bedürfnissen passt. Halten Sie anschließend Ausschau nach den Symbolen, mit denen die Rezepte dieses Buches gekennzeichnet sind, um Ihr persönliches „Menü" zusammenzustellen. Zwar ist jedes Rezept in diesem Buch auf der Basis seiner Zutaten einer bestimmten Art von Cleanse zugeordnet, aber Sie können immer auch andere Saftrezepte für eine ganz eigene Kur auswählen.

ZIELGERICHTETE CLEANSES

NACHHALTIGE REINIGUNG

Sie müssen keine mehr oder weniger gigantische Kur machen, um die beachtlichen gesundheitlichen Vorzüge frisch gepresster Säfte zu spüren und zu genießen. Vielmehr möchte ich Sie zu einem entspannten Umgang mit frischen Säften ermutigen. Betrachten Sie sie als *täglichen Schub* nährstoffreicher, leicht verdaulicher, erstklassiger Energie. Dennoch ist manchmal ein rigoroser und schneller Weg zu mehr Gesundheit erwünscht oder sogar nötig. Dann denkt man an eine echte Cleanse-Kur. Das in diesem Kapitel skizzierte Programm kann dabei eine Hilfe sein.

„Oh, ich würde so gern mit dir essen gehen, aber ich *kann nicht.* Ich mache gerade eine Entschlackungskur", sagt Ihre Freundin. Während Sie unterstützenden Enthusiasmus heucheln, versuchen Sie ein Stirnrunzeln zu verbergen. „Hast du nicht gerade vor ein paar Wochen eine Entschlackungskur gemacht?", denken Sie sich, während Sie nicken und ein langgezogenes „Ohhh" von sich geben. Viele von uns haben so eine Freundin, eine, die eigentlich *immer* eine Cleanse-Kur zu machen scheint. Ist das in dieser Häufigkeit wirklich nötig? Und, noch wichtiger, ist es überhaupt gesund?

Für manche Menschen ist „Cleansing" oder „Reinigung" nur ein anderes Wort für „eine Diät machen". Saftkuren zur Entgiftung und Reinigung haben zweifellos viele Vorteile, aber man kann es damit auch übertreiben. Bleiben wir also realistisch und schauen uns an, was „Cleanse" wirklich ist, was es leisten kann und was nicht.

Ziel der meisten Reinigungskuren ist es, Giftstoffe aus dem Körper zu schwemmen sowie dem Verdauungssystem eine kleine Pause und Gelegenheit zu geben, durch eine an Mikronährstoffen reiche Ernährung seine Gesundheit wiederherzustellen. Eine Saftkur im Speziellen bedeutet in der Regel eine Pause von den normalen „alltäglichen" Essgewohnheiten, in der man für eine gewisse Zeit, in der Regel ein paar Tage lang, hauptsächlich Saft (und manchmal weiter nichts) zu sich nimmt. In letzter Zeit wird der Begriff „Cleanse" jedoch so inflationär verwendet, dass seine Bedeutung immer nebulöser geworden ist. Während viele Reinigungskuren eine echte Quelle gesunder Erholung darstellen, sind andere viel zu drastisch – lächerlich starr (mit unzureichender gesundheitlicher Begründung) bis zu regelrecht gefährlich. „Giftstoffe ausspülen" bedeutet nicht unbedingt, dass Sie Ihrem Körper eine gesunde Balance wichtiger Makronährstoffe, einschließlich Eiweiß, Fett und Kohlenhydrate, vorenthalten müssen. Und während ein geringes Risiko besteht, wenn man das Mischungsverhältnis dieser Nährstoffe von Zeit zu Zeit ändert, führen außerordentlich lange Zeiträume, in denen man Makronährstoffe nur eingeschränkt zu sich nimmt, in der Regel zu gesundheitlichen Problemen. Säfte sind wunderbar, und eine gelegentliche Saftkur kann sehr regenerierend sein, aber sich lange Zeit nur von flüssigen Kohlenhydraten aus Säften zu ernähren, verursacht biologischen Stress, ein Problem, das letztlich Ihre gesundheitlichen Absichten untergräbt.

Viele superstrenge Langzeitsaftkuren mit ihrer extrem eingeschränkten Zufuhr an Makronährstoffen sind schwer durchzuhalten. Das führt zu einem Jo-Jo-Effekt (ähnlich wie bei vielen Diäten) bei „Serienentschlackern", also bei Menschen, die ruckartige Schritte unternehmen: restriktiv entschlacken, schwach werden, sich schuldig fühlen, wieder entschlacken, wieder schwach werden usw. Vor diesem Hintergrund zielen sowohl die Säfte in diesem Buch als auch die unten beschriebenen Reinigungskuren darauf ab, einen nachhaltigeren Ansatz voranzutreiben – eine moderate, sanfte Entgiftung und Verjüngung, die zwar effektiv ist, aber weniger Einfluss auf Ihren Alltag hat und Sie nicht in einen Strudel von Heißhungerattacken schickt.

Es ist wichtig, sich daran zu erinnern, dass die Nährstoffe selbst nicht das Problem sind. Fett ist ebenso lebenswichtig wie Eiweiß und Ballaststoffe. Worauf Sie wirklich achten müssen, sind die nicht so lebenswichtigen (und definitiv nährstoffleeren) Formen von Esswaren und Snacks, die sich manchmal in unsere Vorratsschränke einschleichen. Wenn Sie einen Cleanse als *Ernährungsneustart* betrachten – als Versprechen, Ihren Energiebedarf anschließend mit nichts anderem mehr zu decken als mit nährstoffreichen Nahrungsmitteln –, dann gibt es keine schnellere und bessere Starthilfe als die Saftzubereitung.

Bevor Sie damit beginnen, ist es hilfreich festzulegen, was genau Sie sich davon versprechen. „Entschlacken" klingt so attraktiv, dass man schnell auf diesen Zug aufspringt in der Hoffnung, dies sei die geheime Lösung gesundheitlicher Probleme, welche es auch sein mögen: Die Haut wird reiner, Erkältungen verschwinden ebenso wie Übergewicht, graue Haare werden wieder farbig – und vielleicht wird man sogar ein besserer Mensch. Die Wahrheit ist, dass Entgiftung und Entschlackung zwar so manches bewirken *können,* aber keine Wunder. Ich rate Ihnen, die Finger von Cleanses zu lassen, die beeindruckende Versprechen machen und hohe Erwartungen wecken. Konzentrieren Sie sich lieber auf eine Reinigungsstrategie, die einen bestimmten Zweck verfolgt, und haben Sie keine Hemmungen, das Programm oder die Rezepte an Ihre eigenen Bedürfnisse anzupassen.

Dieser Ansatz, sich nach eigenen Zielen zu richten und aus Erfahrungen zu lernen, liegt der Rezeptstruktur in diesem Buch zugrunde, die ich als *zielgerichtetes (funktionales) Cleansing* bezeichne. Das wirkt sich auf zwei Arten aus: Zunächst hat funktionales Cleansing, wie der Name schon sagt, eine bestimmte Funktion. Es erfüllt einen festgelegten gesundheitlichen Zweck und spricht Ihre individuellen Bedürfnisse unmittelbar an. Sagen wir, Sie sind ein aktiver Mensch, der die meiste Zeit pflanzliche Vollwertnahrung zu sich nimmt, und beschließen nun, den berühmt-berüchtigten „Master Cleanse" zu machen, weil – na ja, weil so viele andere es offenbar auch machen! Für diesen „Master Cleanse" (auch unter dem Namen „Limonaden-Diät" oder „Zitronensaftkur" bekannt, und durchaus mit unguten Nebenwirkungen behaftet (Anm.d.V.)) trinkt man den ganzen Tag eine Mischung aus Zitronensaft, Cayennepfeffer, Ahornsirup und Wasser. Wenn Sie mir erzählen würden, dass Sie diese Reinigungskur planen, würde ich von Ihnen wissen wollen, was genau Sie damit loswerden möchten – und welchen Lebensstil Sie damit stärken wollen. Was ist Ihr eigentliches Ziel? Lassen Sie den blinden Glauben an eine allgemeine „Entschlackung" beiseite und wenden Sie sich erst einmal den Grundlagen Ihrer Ernährung zu. Was haben uns die Nahrungsmittel, die wir essen/entsaften, tatsächlich zu bieten, und wie können wir sie effektiv nutzen, um unsere Ziele zu erreichen? Sobald Sie diese Ziele bestimmt haben, wählen Sie einen der Cleanses, die auf den folgenden Seiten beschrieben sind, als Leitfaden. Dann suchen Sie die entsprechenden Rezepte aus diesem Buch (durch Symbole gekennzeichnet) heraus und stellen sich eine Reingungskur zusammen, die perfekt auf Sie zugeschnitten ist.

Bitte beachten Sie, dass diese Entschlackungskuren keine Diätpläne sind. Es gibt beispielsweise keine vorgeschriebenen Mengen und keine formale Struktur. Diese Art von Kur vorzuschreiben, würde bedeuten, dass wir alle ein und dasselbe brauchen – dass eine 28-jährige Yogalehrerin die gleichen Bedürfnisse hat wie eine 65-Jährige, die viel sitzt und unter Arthrose leidet. Bei einem flexiblen, personalisierten Cleanse gibt es jedoch nichts zu befürchten. Saft ist so hydratisierend, und sein Nährwert (vor allem wenn Superfoods einbezogen werden) ist so immens, dass die meisten Menschen ganz von selbst wissen, wann sie satt sind, einfach weil es sich gut anfühlt. Es ist ziemlich schwer, Saft „überzudosieren". Und wenn Sie es doch tun, gibt Ihr Körper Ihnen ziemlich schnell das Signal, dass er genug hat. Die Antworten sind in Ihnen! Mit Ihrem Körper zu kommunizieren ist viel wertvoller als alles, was ein Experte oder ein Buch Ihnen sagen kann.

KANN ICH ESSEN, WÄHREND ICH EINE SAFTKUR MACHE?

Dies ist auf jeden Fall ein nicht ganz unstrittiges Thema. Auf der einen Seite gehört es zur Magie des Cleanse, dem Körper eine kurze Pause zu gönnen, in der er keine feste Nahrung verdauen muss. Verdauen erfordert immens viel Energie.

Etwa 10% unserer täglichen Energie wird dafür verwendet, Nahrung aufzuspalten und zu assimilieren. Weil Saft schon flüssig ist, wurde dem Körper bereits viel Arbeit abgenommen, und die Energie kann anderswo eingesetzt werden. Auf der anderen Seite kann ein Cleanse ziemlich schwer durchzuhalten sein und die tägliche Routine rund ums Essen stören, von Arbeitsessen zur Mittagszeit bis hin zu sozialen Ereignissen mit gemeinsamem Essen. Aus diesem Grund schlage ich vor, während der Reinigungskur auch ein wenig feste Nahrung zu sich zu nehmen, um das Hungergefühl zu reduzieren, insgesamt ein Gefühl der Sattheit aufrechtzuerhalten und das Energieniveau zu verbessern. Leichte Mahlzeiten während der Entschlackungskur helfen auch beim Vermeiden von Rückschlägen danach, weil der Übergang zu fester Nahrung dann nicht mehr so extrem ist. Der Trick ist natürlich, die festen Nahrungsmittel, die Sie konsumieren, sorgfältig auszuwählen. Ich schlage pflanzliche und vorzugsweise mit Superfood kombinierte Nahrungsmittel vor. Kleine Portionen und einfache Dinge, etwa ein Apfel oder eine Schale Quinoa mit Avocado, sind am besten.

Ein allmählicher Übergang zu fester Nahrung nach der Kur ist ebenfalls wichtig. Als ich 23 war, habe ich eine Woche lang eine Saftkur plus „Master Cleanse" (eine Mischung aus beidem) gemacht. Die Gründe für meine Entscheidung, dieses Entgiftungsprogramm durchzuziehen, waren einfach: Ich war ein paar Monate zuvor nach Portland, Oregon, gezogen und hatte schnell eine etwas zu große Begeisterung für die Schätze aus den dortigen Brauereien entwickelt. Ich wollte einen sauberen Start. Eine gute Woche lang gelang mir das Cleansing weitgehend erfolgreich, aber weil ich 100% Flüssigkeiten konsumierte, taten meine Kaugelüste das ihre in meiner Psyche. Kaum war die Kur vorbei, feierte ich in einem mexikanischen Restaurant und bestellte (vegane) Nachos. Was. Für ein. Fehler. Ein paar Minuten, nachdem ich aufgegessen hatte, wurde mir schwummrig und schwindelig. Ich war kreidebleich und machte mich sofort auf, um mich so schnell wie möglich auf irgendeine Couch zu legen. Mein Magen fühlte sich an, als würde mit einem Messer hineingestochen, und für den Rest des Abends hatte ich das Gefühl, mein Körper sei aus Blei. Obwohl ich nur eine Woche lang gefastet hatte, war das Essen dieser Nachos ein so drastischer Unterschied zu den Säften davor, dass mein System einen regelrechten Schock erlitt. Lektion gelernt? Bleiben Sie nach der Entschlackung ein paar Tage bei „reinen" Nahrungsmitteln – leichte, hauptsächlich rohe und fettarme pflanzliche Mahlzeiten –, und genießen Sie dadurch einen angenehmen Übergang zum alltäglichen Essen.

ESSEN, DAS GUT ZU EINER SAFTKUR PASST

Für das Essen während einer Reinigungskur gibt es zwei goldene Regeln: 1) Weniger ist mehr und 2) einfache, natürliche Nahrungsmittel sind die besten. Integrieren Sie einige dieser cleanse-freundlichen Speisen nach Belieben in Ihr Saftprogramm:

Salate
Salate geben Ihnen die Möglichkeit, Ihren Saft zu essen, statt zu trinken. Für ein optimales Cleanse bereiten Sie Ihre Salate hauptsächlich aus Blättern und/oder Sprossen und weniger aus anderen Gemüsesorten zu. Denken Sie auch an fermentiertes Gemüse wie Kimchi (das traditionelle fermentierte Weißkraut aus Korea), das die Verdauung fördern kann. Wenn ein sättigender Salat gewünscht wird, verwenden Sie Zutaten wie Avocados, die gesunde Fette enthalten, und eine Handvoll Superfood-Saaten wie Hanf und Chia für die Extraportion Eiweiß. Halten Sie die Dressings einfach und nehmen Sie vorzugsweise eine hausgemachte Mischung aus gesunden Ölen oder Nuss-/Samenfetten, Essig oder Zitronensaft und Meersalz oder Misopaste.

Gemüsesuppen
Suppen, seien sie nun warm und cremig oder roh und kalt, sind bei einer Saftkur besonders wohltuend, denn sie fühlen sich reichhaltiger und sättigender an als ein Getränk. Frische Säfte aus Karotte, Sellerie oder Spinat können mit Avocado und ein wenig Meersalz zu einer nährstoffreichen und sättigenden Mahlzeit vermischt werden. Probieren Sie auch einmal eine pikante Misosuppe, eine gekochte und pürierte Kürbissuppe oder eine Gemüsesuppe.

Frisches Obst und Gemüse
Zwar ist es am besten, so viel Saft wie möglich zu trinken, während man entschlackt, aber es ist absolut nichts falsch daran, ab und zu beispielsweise einen Apfel zu essen, wenn man etwas zum Kauen braucht. Ein paar Extraballaststoffe werden keinen großen Einfluss auf Ihre Entgiftungsbemühungen haben.

Algen
Nori, Dulse, Kelp und andere Algen liefern äußerst viele Mineralien und haben auch andere Vorteile, wenn es um Entgiftung geht. Ihr salzig-pikanter Geschmack ist ein willkommener Ausgleich zu kühlenden Säften. Genießen Sie sie kleingeschnitten in Gemüsesuppen und Salaten. Sie können sie sogar als kräftigen Snack knabbern (Angaben zur maximalen Tagesdosis auf der Packung beachten, Anm.d.V.).

Nüsse und Saaten
Die Zufuhr an Fetten und Eiweiß ist während einer Saftkur zwar in der Regel beschränkt, aber das heißt nicht, dass Sie ganz darauf verzichten müssen. Kleine Mengen Mandeln und Walnüsse und Superfood-Samen, etwa Hanf, Flachs und Chia, bieten ein lang anhaltendes Sättigungsgefühl und erstklassige Makro- und Mikronährstoffe.

Mehr über die Vorteile von Hanf und Chia finden Sie auf den Seiten 41 – 42.

Fermentierte Drinks

Kombucha, Kefir, Kwas und andere fermentierte, nicht alkoholische Getränke sind willkommene Ergänzungen für einfache Säfte und können die Verdauung ihrer Nährstoffe fördern. Sie können fermentierte Getränke wie diese in vielen Naturkostläden kaufen. Oder probieren Sie eines der Sprizz-Rezepte ab Seite 204 aus.

Desserts auf Saftbasis

Leicht, süß und nur aus guten Dingen gemacht – probieren Sie das eine oder andere Dessert aus diesem Buch, etwa Granita oder Eis am Stiel.

Rohschokolade

Überraschung! Ein bisschen Dekadenz ist bei einem Cleanse eine große Hilfe. Notwendig ist es natürlich nicht, Rohschokolade in die Kur einzubeziehen, aber ein mundgerechter Leckerbissen am Ende eines langen Tages ist eine erfreuliche Belohnung (die durch den Superfood-Superstar Kakao auch noch voller Antioxidantien und Mineralien ist). Wenn Sie Rohschokolade kaufen, wählen Sie möglichst die mit reinem (nicht geröstetem) Kakao und dem geringsten Zuckeranteil nach Nährwertangabe auf der Packung. Denken Sie daran: Rohschokolade ist nur ein kleiner Leckerbissen und ein die Saftkur begleitendes Nahrungsmittel!

NAHRUNGSMITTEL, DIE WÄHREND DES CLEANSE ZU MEIDEN SIND

Wenn Sie sich ernsthaft auf eine Reinigungskur einlassen, bei der Sie vor allem Saft und nur wenig feste Nahrung zu sich nehmen, ist das, was Sie nicht konsumieren, ebenso wichtig, wie das, was Sie konsumieren. Zwar muss nicht jedes Nahrungsmittel auf dieser Liste für immer und ewig ein schwarzes Schaf bleiben, aber für die Entgiftung sind sie alle kontraproduktiv und sollten gemieden werden, um Ihre Bemühungen zu maximieren.

- Raffinierter Zucker
- Süßigkeiten
- Zusätze wie Farbstoffe, Bindemittel, künstliche Konservierungsmittel
- Fleisch aller Art, Fisch und Meeresfrüchte
- Milch und alle Milchprodukte
- Eier
- Soja
- Getreide, vor allem Sorten, die Gluten enthalten (Pseudogetreide wie Quinoa, Naturreis oder Buchweizen sind o.k.)
- Hülsenfrüchte
- Große Mengen Öl
- Bearbeitete Lebensmittel, von Chips bis hin zu nicht vollwertigen Müsliriegeln
- „Komplizierte" Rezepte mit vielen Zutaten
- Alkohol
- kohlensäurehaltige Mineralwässer oder Limonaden

DIE PLUSPUNKTE IM ÜBERBLICK

Abgesehen von seinem großartigen Geschmack bietet jeder Saft viele gesundheitliche Vorteile, und diese Vorteile machen oft so wunderbar (und instinktiv) „süchtig" nach Säften. Zusätzlich zu deren Auflistung bei den Cleanses auf den Seiten 65 – 69 finden Sie hier einen Überblick zu einigen der größten Pluspunkte für das Trinken von Superfood-Säften.

SCHNELLE ERHOLUNG & NEUSTART Der Saft bietet natürliche Energie und ein breites Spektrum an Vitaminen, Mineralien und Antioxidantien.

REINIGEN & ENTGIFTEN Der Saft ist besonders förderlich, wenn es darum geht, Giftstoffe aus dem Körper zu schwemmen, den pH-Wert auszugleichen und das Immunsystem zu stärken.

SCHLANKHEIT & SPANNKRAFT Der Saft enthält kalorienarme Superfoods, die wenig Zucker enthalten und besonders hilfreich für die Gewichtsabnahme und einen gesunden Stoffwechsel sind.

KRAFT & AUSDAUER Der Saft enthält Nährstoffe, die einen aktiven Lebensstil unterstützen, außerdem pflanzliches Eiweiß und gesunde Fette sowie verschiedene Antioxidantien, die entzündungshemmend wirken.

SCHÖNHEIT & ANTI-AGING Die Inhaltsstoffe des Safts weisen beachtliche Mengen an „Schönheitsnährstoffen" auf, etwa Vitamin C (wichtig für die Synthese von Kollagen und entzündungshemmend), gesunde Fette und Antioxidantien für den Schutz der Haut.

SCHNELLE ERHOLUNG & NEUSTART
für Vitalisierung und Verjüngung

Am besten geeignet für alle, die zum ersten Mal „cleansen" oder eine sanfte Entgiftung wünschen.

Beschreibung „Neustart"-Säfte sind enorm unterschiedlich und reichen von Frucht-, Gemüse- und grünen Säften bis zu vielen anderen. Für einen ganztägigen Cleanse wählen Sie 4 bis 7 Saftrezepte, die mit einem „Schnelle Erholung & Neustart"-Symbol gekennzeichnet sind, oder halten sich an das Beispiel für ein Tagesmenü unten. *Empfohlene Dauer der Kur: 1 – 3 Tage.*

Mitwirkende Superfoods Fast jedes Superfood kann verwendet werden. Besonders hilfreich sind wohltuende Chiasamen, herzgesunde Hanfsamen und sanft reinigendes Blattgemüse.

BEISPIEL FÜR EIN TAGESMENÜ
Trinken Sie im Laufe des Tages von jedem Saft 350 – 475 ml nach Belieben.
Die Nahrungsmittel auf den Seiten 62 – 63 können während dieser Entschlackungskur
ebenfalls gegessen werden.

ZITRUS-APFEL *95*

GURKE-MINZE *136*

VEGGIE CLASSIC *141*

CRANBERRY-ORANGE-CHIA FRESCA *197*

SPINAT-HANF *144*

KAKAO-BIRNE *107*

REINIGEN & ENTGIFTEN

zur Stärkung des Immunsystems, Zellentgiftung, Unterstützung der Leber und der Nieren und zum Ausgleich des pH-Werts

Am besten geeignet für erfahrene „Cleanser" oder diejenigen, die nach einer radikaleren Reinigung suchen.

Beschreibung Diese entgiftenden Säfte bestehen aus tiefenreinigenden Zutaten und sind oft grün und zuckerarm. Für einen ganztägigen Cleanse wählen Sie 5 bis 7 Saftrezepte, die mit einem „Reinigen & Entgiften"-Symbol gekennzeichnet sind, oder halten sich an das Beispiel für ein Tagesmenü unten. *Empfohlene Dauer der Kur: 1 – 5 Tage.*

Mitwirkende Superfoods sind unter anderem Mikroalgen (Chlorella und Spirulina), grünes Gemüse, Zitrone, Aloe vera, Camubeeren, Peperoni, Ingwer und Kurkuma.

BEISPIEL FÜR EIN TAGESMENÜ

Trinken Sie im Laufe des Tages von jedem Saft 350 – 475 ml nach Belieben.
Die Nahrungsmittel auf den Seiten 62 – 63 können während dieser Entschlackungskur ebenfalls gegessen werden.

ZITRUS-ALOE   *100*

GURKE-MINZE   *136*

LIMETTE-GRÜNES GEMÜSE   *133*

APFEL-GRÜNKOHL-CHIA FRESCA   *200*

SELLERIE-BLATTGEMÜSE   *123*

CASHEW-WURZELGEMÜSE   *166*

SCHLANKHEIT & SPANNKRAFT

für Gewichtsverlust, Fettreduktion, Verminderung von Cellulite
und Festigung von Bindegewebe

Am **besten geeignet für** neue oder erfahrene „Cleanser", die ihre Körperformen optimieren
möchten.

Beschreibung Erleben Sie die schlankmachende und straffende Wirkung dieser besonderen
Auswahl an kalorienarmen Säften mit wenig Zucker. Für eine ganztägige Reinigungskur wählen
Sie 5 bis 7 Saftrezepte, die mit einem „Schlankheit & Spannkraft"-Symbol gekennzeichnet sind,
oder halten sich an das Beispiel für ein Tagesmenü unten. *Empfohlene Dauer der Kur: 1 – 5 Tage.*
Mitwirkende Superfoods sind unter anderem nachweislich schlankmachende Nahrungsmit-
tel wie Mikroalgen (Chlorella und Spirulina), Grapefruit, Zitrone, Cayennepfeffer, Acaibeere,
Chiasamen und andere.

BEISPIEL FÜR EIN TAGESMENÜ

Trinken Sie im Laufe des Tages von jedem Saft 350 – 475 ml nach Belieben.
Die Nahrungsmittel auf den Seiten 62 – 63 können während dieser Entschlackungskur
ebenfalls gegessen werden.

GRÜNTEE-GOJI-AUFGUSS 209

GRAPEFRUIT-FENCHEL 80

INGWER-GRÜNES GEMÜSE 121

ISOTONISCHE CHIA-LIMONADE 198

SPEKTRUM-SAFT 169

KOKOS-SPIRULINA 145

Optional: CANTALOUPE-SANDDORN-GRANITA 188 *Portionsgröße 250 ml*

KRAFT & AUSDAUER

für Vitalisierung, Entgiftung, Nebennierenbalance und zur Wundheilung

Am besten geeignet für neue oder erfahrene „Cleanser", besonders für diejenigen, die im Laufe der Reinigungskur ein hohes Energieniveau brauchen. Besonders gut für Athleten und andere aktive Menschen.

Beschreibung Die Säfte für diese Art von Entgiftung sind „herzhafter" als die meisten anderen und enthalten Wurzeln, Knollen, ein Obst- und Gemüsegemisch und sogar Samenmischungen für nachhaltige Energie. Für eine ganztägige Reinigung wählen Sie 6 bis 8 Saftrezepte, die mit einem „Kraft & Ausdauer"-Symbol gekennzeichnet sind, oder halten sich an das Beispiel für ein Tagesmenü unten. *Empfohlene Dauer der Kur: 1 – 3 Tage.*

Mitwirkende Superfoods Erneuernde Superfoods, die Energie spenden und das Blut mit Sauerstoff anreichern. Grünes Blattgemüse kommt verstärkt zum Einsatz, ebenso die Reparatur-Superfoods wie Maca, Hanf, Chiasamen, Acai-, Maqui-, Camubeeren und Kakao, aber auch pflanzliches Proteinpulver.

BEISPIEL FÜR EIN TAGESMENÜ

Trinken Sie im Laufe des Tages von jedem Saft 350 – 475 ml nach Belieben.
Die Nahrungsmittel auf den Seiten 62 – 63 können während dieser Reinigungskur ebenfalls gegessen werden.

SPIRULINA-WASSERMELONE   97

SÜSSKARTOFFEL-PROTEIN   161

LIMETTE-GRÜNES GEMÜSE   133

ISOTONISCHE CHIA-LIMONADE   198

KAROTTE-MACA   156

MANDEL-SELLERIE   137

HEISSER SCHOKOVULKAN   176   *Portionsgröße 350 ml*

SCHÖNHEIT & ANTI-AGING

für reine Haut, strahlende Augen und glänzendes Haar;
bekämpft und verhindert die Zeichen der Alterung

Am besten geeignet für neue oder erfahrene „Cleanser", die auf ästhetische Effekte aus sind.
Beschreibung Für Ihre äußere (und innere!) Ausstrahlung können Sie jeden der unten aufgeführten Säfte probieren. Sie reichen von geschmacksintensiven Beerenshakes bis zu erfrischenden
Aufgüssen mit grünem Gemüse. Für eine ganztägige Entschlackung wählen Sie 4 bis 7 Saftrezepte, die mit einem „Schönheit & Anti-Aging"-Symbol gekennzeichnet sind, oder halten sich an
das Beispiel für ein Tagesmenü unten. *Empfohlene Dauer der Kur: 1 – 5 Tage.*
Mitwirkende Superfoods „Schönheitsbeeren" wie Sanddorn, Acai, Camu und Maqui sind
ebenso wichtig wie Superfoods, die reich an Omega-3-Fettsäuren sind, etwa Hanf und Chia.

BEISPIEL FÜR EIN TAGESMENÜ

Trinken Sie im Laufe des Tages von jedem Saft 350 – 475 ml nach Belieben.
Die Nahrungsmittel auf den Seiten 62 – 63 können während dieser Reinigungskur ebenfalls
gegessen werden.

BEEREN-„SAHNE" 113

KÜHLENDER GRÜNKOHL 117

LIMETTE-GRÜNES GEMÜSE 133

ACAI-CHIA FRESCA 201
mit Maquibeeren variierbar

RUSSISCHER SANDDORN 164

SCHOKO-MINZE 143

DIE VIER PHASEN DES CLEANSING –
WOMIT MAN RECHNEN MUSS

Das Entgiften hat unbestreitbar auch einen physiologischen Achterbahn-Aspekt, vor allem, wenn es drei Tage und länger dauert. Ich bezeichne diesen Prozess als die „vier Phasen des Cleanse". Obwohl die zeitliche Abfolge dieser Phasen leicht variieren kann, je nach persönlichem Stoffwechsel und ursprünglichem Gesundheitszustand, ist das Muster immer ähnlich. Die vier Phasen sind Aktivierung, Zweifel, Kampf und Euphorie. (Bei längerem Entgiften kann sich dieser Zyklus auch mehrmals wiederholen.)

1 **Aktivierung** In der Regel setzt die Bereitschaft zu entgiften viel Energie frei. Am ersten Tag hat man meist ein Gefühl des Wohlbefindens und der inneren Stärke, was daher kommt, dass man seinem Körper sehr viel Aufmerksamkeit und hochwertige Nahrung gibt. „Das ist ja gar nicht so schlecht", denkt man sich.

2 **Zweifel** Es ist vollkommen normal, dass sich am zweiten Tag ein wenig Hunger meldet. Das lässt oft Zweifel daran aufkommen, dass man die Reinigungskur bis zum Ende durchhalten kann. Dann ist es gut zu wissen, dass dieses anfängliche Hungergefühl mehr damit zu tun hat, dass man nach einer „Mahlzeit" nicht „voll" ist als mit einem Mangel an Nährstoffen. Bei manchen Menschen wird das Hungergefühl schlimmer, wenn sie die übliche Belohnung des Kauens vermissen. Das sind Gelüste, die leicht gelindert werden können, indem man kleine Mengen feste und für das Cleanse geeignete Nahrung (siehe Seite 62 – 63) zu sich nimmt.

3 **Kampf** Nun folgt die schwerste Phase der Reinigung, der Kampf. Skepsis, ob so „drastische" gesundheitliche Maßnahmen wirklich nötig sind, kommt auf und kann kurzfristig einen psychologischen Zwang zum Essen und Kauen auslösen, während ein mentaler (nicht physiologischer) Hunger auftritt. Es versteht sich von selbst, dass dies der schwerste Teil des Cleanse ist, obwohl der Höhepunkt der Entgiftung oft in dieser Phase liegt.

4 **Euphorie** Wenn die mentalen Hürden überwunden sind, ist die Belohnung in der letzten Phase süß: ein Zustand milder Euphorie. Mittlerweile wurden die Giftstoffe freigesetzt, das Verdauungssystem hat sich beruhigt, Sie sind mental entspannter. Und während Sie sich allmählich auf Ihre neuen Essgewohnheiten einlassen, fühlen Sie sich leicht, voller Energie und extrem wach. Über diese Endphase der Reinigung wird am häufigsten gesprochen, und ein so greifbarer Zustand der Erneuerung ist eine unglaubliche physische Erfahrung.

SUPERFOOD-GEHEIMNIS ZUM CLEANSING: CHIASAMEN

Chiasamen sind der beste Freund des Saftentgifters. Sie haben viele Vorzüge, darunter ihr Gehalt an Omega-3-Fettsäuren, Antioxidantien und wichtigen Mineralstoffen (mehr Informationen über Chia finden Sie auf Seite 41). Aber der große Nutzen, den Chia für das Cleanse hat, beruht auf einer natürlichen Verbindung namens Muzilago (Schleimstoff), die sich in den Samen befindet. Muzilago – in allen möglichen Arten von Pflanzen zu finden – ist eine stark wasserbindende Substanz, die es Pflanzen möglich macht, Wasser für die Trockenperioden zu speichern.

Chiasamen sind insofern besonders, als sie eine enorme Menge dieses Schleimstoffs enthalten – eine Eigenschaft, die eine ungewöhnliche Wirkung hat. Wenn ein Chiasamen mit Flüssigkeit in Kontakt kommt, wird er immer größer und bildet eine gallertartige Hülle um sich. Diese Qualität ist von unglaublichem Nutzen für jemanden, der Saft herstellt. Denn das bedeutet, dass Sie mit nur sehr wenigen Kalorien eine größere physische Masse in Ihr Verdauungssystem bekommen (keine Angst: Chiasamen passieren das System ganz leicht), was die Auswirkungen des Hungers mindert. Man fühlt sich „voll".

Aber das sind noch nicht alle Vorteile. Chiasamen sind auch eine außergewöhnliche Ballaststoffquelle. Diese Eigenschaft, in Kombination mit dem Muzilago in den Samen, macht Chia zu einem phänomenalen Begleiter für Säfte, vor allem für Fruchtsäfte, die oft viel Zucker enthalten. Die Ballast- und Schleimstoffe in den Chiasamen verlangsamen das Freisetzen von Zucker in die Blutbahn (was sie zu einem großartigen Nahrungsmittel für Diabetiker macht), helfen, Blutzuckerspitzen und -abstürze zu verhindern, während sie ein stabiles Energieniveau aufrechterhalten.

Die meisten Leute finden die gelartige Konsistenz von Chia sehr angenehm. Chia wird in Mittelamerika seit Tausenden von Jahren in Form von „Chia fresca"-Getränken genutzt. Die beste Nachricht ist, dass Sie zu Hause nicht nur einfache und preiswerte Chia-Getränke herstellen, sondern die Samen auch mit fast jeder Zutat aus Kühlschrank oder Speisekammer kombinieren können.

Wenn Sie also feststellen, dass Sie während Ihrer Reinigungskur mit Hunger und Energieverlust zu kämpfen haben, versuchen Sie es mit Chiasamen in Ihrem Saft. Es gibt mehrere Rezepte für köstliche Chia-Getränke in diesem Buch (siehe Chia frescas ab Seite 196). Sie können Chiasamen auch jedem Saftrezept in diesem Buch (oder überhaupt jedem Saft) zufügen und tolle Ergebnisse erzielen. (Weil Chiasamen praktisch keinen Eigengeschmack haben und nur eine festere Konsistenz geben, können sie jedem Saft beigemischt werden, ohne dessen Geschmack zu verändern.) In der Tat können Sie Chia sogar einfach in Wasser geben, um die großen Vorzüge dieser bescheidenen kleinen Samen zu genießen. Ein einfaches Chia-Saftrezept zum Ausprobieren ist das folgende (Sie können mehr oder auch weniger Chiasamen verwenden, ganz nach Belieben).

BASISREZEPT FÜR CHIA FRESCA

Mischungsverhältnis 2 – 4 EL Chiasamen auf 500 ml Saft

Zubereitung Geben Sie die Chiasamen in den Saft, am besten in einen Shaker oder einen Becher mit Deckel. Gut schütteln. Lassen Sie die Chiasamen 10 Minuten einweichen und schütteln Sie dann alles noch einmal durch, bis alle Klümpchen verschwunden sind. Lassen Sie die Chiasamen noch mindestens 10 Minuten gelieren, gern auch länger. Das Hinzufügen von Chia wirkt sich weder verlängernd noch verkürzend auf die Haltbarkeit des Safts aus.

Denken Sie daran Chiasamen sind enorm reich an Ballaststoffen. Daraus sollten sich keine gesundheitlichen Komplikationen ergeben. Dennoch gilt die Lebensregel Nummer eins – Mäßigung – auch für Chia.

TEIL ZWEI

DIE SÄFTE

Sehen, schmecken, fühlen – das ist das A und O des Safttrinkens. Zu beobachten, wie sich jedes Glas mit funkelndem Rot, strahlendem Grün, fröhlichem Gelb und geheimnisvoll leuchtenden Violett-tönen füllt, ist immer wieder ein Erlebnis der besonderen Art. Uns eröffnet sich ein Himmel mit einem Regenbogen von Früchten – von gängigen lokalen Früchten bis zu den kostbarsten Superfoods der Welt. Probieren Sie sie als Saft, und Sie werden feststellen, dass ihr Geschmack als Saft auf ganz neue, harmonische Weise LEBENDIG wird. Und nur wenige andere Nahrungsmittel können ähnlich schnell und effektiv so viel Energie und neue Klarheit zur Verfügung stellen wie eben Säfte. Säfte sind in vieler Hinsicht ein wirklich wunderbarer Beitrag zu guter Lebensqualität.

BEVOR SIE ANFANGEN

In vieler Hinsicht ist die Saftbereitung eine *Carpe-momentum*-Praxis. Anders als beim Backen und Kochen, wo man präzise Angaben zu Zutaten und Mengen braucht, hängt die Verwendung von frischen Produkten zum Entsaften weniger von formalen Rezepten ab als von vielen veränderlichen Faktoren, die Geschmack, Farbe und Ausbeute des fertigen Safts in einer Weise beeinflussen können, die nicht immer vorhersehbar ist. Das Tolle an Saftrezepten ist unter anderem ihre Flexibilität. Wie süß ein Saft beispielsweise ist, könnte mehr mit der Sorte der verwendeten Äpfel zu tun haben als mit der im Rezept genannten Anzahl an Äpfeln. Wenn das Rezept ein kleines Bund Grünkohl fordert, wird das Ergebnis nicht dadurch negativ beeinflusst, dass Sie ein großes Bund nehmen. Eine bestimmte Limette gibt vielleicht mehr oder weniger Saft als eine andere, und es macht wenig Sinn, die perfekte Menge Ananas zu entsaften, wenn die Natur deren Geschmack von Frucht zu Frucht immer ein bisschen verändert. Säfte finden sich auch anstandslos mit Ersatz ab. Wenn der Mangold auf dem Markt zehnmal lebendiger und frischer aussieht als der Grünkohl, können Sie beide problemlos gegeneinander austauschen.

In jedem der folgenden Rezepte sind die ungefähren Mengen für eine gute Geschmackskombination und einen ausgezeichneten Saft angegeben. Das heißt, es ist mehr als wahrscheinlich, dass Ihre eigenen Säfte an einem gewissen Punkt ein wenig Feintuning brauchen, um den unendlichen Variationen der Natur gerecht zu werden. Wenn andere Arten von Rezepten uns anweisen, „nach Geschmack zu würzen", sollten Sie sich auch hier die Freiheit nehmen, dies zu tun. Viel Spaß mit diesen Rezepten und „Auf Ihr Wohl!"

TIPPS ZUM MERKEN

Superfoods werden zugefügt, um die gesundheitlichen Vorzüge eines Saftrezepts zu steigern. Wenn in einem Rezept ein Superfood erforderlich ist, das Sie nicht haben, finden Sie auf Seite 226 entsprechende Bezugsquellen oder auf Seite 221 Ideen, wie es ersetzt werden kann. Viele nach solchen Rezepten hergestellte Säfte schmecken auch ohne Superfood-Zutaten gut.

SCHNELLE GESCHMACKSKORREKTUR FÜR SÄFTE

- **Für mehr Süße –** Apfel zugeben
- **Für einen pikanteren Geschmack –** Sellerie zugeben
- **Für mehr Milde –** Gurke zugeben
- **Für mehr „Spritzigkeit" –** Zitrone zugeben
- **Für mehr Geschmack (um süße Säfte zu verbessern) –** Stevia zugeben
- **Für mehr Geschmack (um pikante Säfte zu verbessern) –** Meersalz zugeben
- **Um den Nährwert zu erhöhen –** ein Superfood zugeben

- Mit Ausnahme der warmen Säfte ab Seite 174 schmecken die meisten Säfte kalt am besten. Wer mag, serviert sie mit Eis für maximale Erfrischung.

- Säfte schmecken frisch beziehungsweise ein oder zwei Stunden nach der Herstellung am besten. Sie sind jedoch (gekühlt) ein paar Tage haltbar. Auf den Seiten 53 – 54 finden Sie Ideen zur Verwendung von übriggebliebenem Saft.

- Verwenden Sie, wenn möglich Bioprodukte. Wenn Sie nicht ökologisch angebautes Obst und Gemüse (wie Gurken, Süßkartoffeln und Melonen) verwenden, schälen Sie es vor dem Entsaften, um eventuelle Schadstoffrückstände loszuwerden, die sich besonders in der Schale ansammeln.

STEVIA ZUM „SÜSSEN NACH BELIEBEN"

In der gesunden Saftküche ist Stevia eine unschätzbare Hilfe. Der natürlich vorkommende „süße" Stoff wird aus den Blättern dieses in Südamerika heimischen Krauts extrahiert, gereinigt und dann in flüssiger Form oder als Pulver in den meisten Bioläden verkauft. Stevia ist ein unglaublich starkes Süßungsmittel. Es ist etwa 300-mal süßer als Zucker und enthält dennoch keine Zucker, hat keine Kalorien und einen glykämischen Index von null. Stevia ist wegen seiner Intensität für die meisten Kochrezepte ungeeignet, aber für zahlreiche Flüssigkeiten und Getränke ist es absolut ideal. In Säften hat Stevia die einzigartige Fähigkeit, nicht nur die Süße zu steigern, sondern tatsächlich auch den Geschmack zu verbessern. Beispielsweise macht es den Geschmack von Orangensaft „orangiger" und kann fad schmeckende Erdbeeren in köstlich schmeckende, „perfekte" Früchte verwandeln.

Stevia wird in Säften in der gleichen Art und Weise verwendet wie Salz: Beginnen Sie mit so wenig wie möglich, probieren Sie und arbeiten Sie sich dann bis zur gewünschten Süße vor. Zuviel Stevia sorgt für eine überwältigende Süße mit bitterem, holzigem Nachgeschmack. Wenn Sie noch nie Stevia eingesetzt haben oder unsicher sind, wie Sie es verwenden sollen, empfehle ich Ihnen den Kauf von flüssigem Stevia statt Pulver. Die Flüssigkeit wird mit einer kleinen Pipette geliefert, mit der man kleine, leicht zu kontrollierende Mengen dosieren (und sich für eine zukünftige Verwendung merken) kann.

Wenn Sie kein Stevia einsetzen wollen, ist Xylitol eine gute zweite Wahl. Diese zuckerähnliche Substanz ist ein Zuckeralkohol aus Früchten und Gemüse und hat nur 40% der Kalorien von Rohrzucker sowie einen extrem niedrigen glykämischen Index von 7.

Es gibt noch andere Süßungsmittel in der Superfood-Küche, etwa Kokoszucker, Ahornsirup, Agavendicksaft, Yaconsirup etc., aber sie eignen sich nicht zur Verwendung in Säften, einfach weil es so viel leichter und gesünder ist, Stevia oder Xylitol zu nehmen. Halten Sie Ihre Säfte mit den besten Süßungsmitteln, welche die Natur zu bieten hat, auf höchstem geschmacklichen und gesundheitsfördernden Niveau!

FRUCHTSÄFTE

Warnung: Frisch hergestellter Fruchtsaft wird Ihnen wohl für immer den Geschmack verderben, wenn es um fertig gekaufte Säfte geht. (Vergleichen Sie einen strahlenden Rubin mit einer roten Plastikperle!) Die folgenden Rezepte verwandeln die hervorragendsten Angebote der Natur in einen Fluss genussvoller Geschmackserlebnisse, etwa Zitrus-Apfel, Acai-Traube und Kumquat-Cranberry. Fruchtsäfte sind der perfekte Einsatzort für Superfrüchte in jeder Gestalt, etwa für Maquipulver, Mangostanesaft oder frische Erdbeeren.

 **= SUPERFOOD**

 **SCHNELLE ERHOLUNG & NEUSTART**    **REINIGEN & ENTGIFTEN**

SCHLANKHEIT & SPANNKRAFT

 **KRAFT & AUSDAUER**    **SCHÖNHEIT & ANTI-AGING**

ERDBEER-ORANGE

Dieser einfache, spritzige und wunderbar vitaminreiche Saft ruft geradezu nach einem gemütlichen Frühstück. Sie können ihn auch einfach in einen Mixer geben, eine Banane hinzufügen und einen leichten, unglaublich frischen Smoothie daraus machen.

ERGIBT ETWA 475 ML

4 Navelorangen, geschält

2 Tassen Erdbeeren

½ Limette oder Zitrone, ausgepresst

1 EL Maquipulver

Süßungsmittel nach Belieben

Orangen und Erdbeeren zusammen entsaften. Zitronen-/Limettensaft und Maquipulver einrühren. Mit Stevia (oder dem gewünschten Süßungsmittel) abschmecken.

GRAPEFRUIT-FENCHEL

Diese delikate, wohlausgewogene Mischung hat trotz ihrer Einfachheit etwas Raffiniertes. Sie können die grünen Fenchelwedel jederzeit mit der Knolle entsaften, aber hier habe ich sie weggelassen, um die rosa Farbe des Saftes so lebendig wie möglich zu erhalten. Ich habe gern ein paar Fenchelknollen auf Vorrat und verwende die zarten Wedel zum Garnieren.

ERGIBT ETWA 475 ML

2 rosa Grapefruit, geschält

1 Fenchelknolle ohne die grünen Wedel

 1 EL Sanddornsaft

Süßungsmittel nach Belieben (optional)

Grapefruit und Fenchel entsaften, dann den Sanddornsaft einrühren. Abschmecken und Stevia oder ein Süßungsmittel Ihrer Wahl zugeben, wenn gewünscht.

WISSEN ZUM WOHLFÜHLEN
Die Omega-7-Fettsäuren im Sanddorn können die Gewichtsregulierung und Insulinempfindlichkeit verbessern. Klinische Studien zeigen, dass diese erstaunlichen Fette helfen können, Gewicht zu verlieren (oder auch keines zuzulegen), und den Körper dabei unterstützen, Glukose in Energie umzuwandeln, statt sie als Fett zu speichern.

CANTALOUPE-INGWER

Cantaloupe-Melone allein ergibt einen so lieblichen Saft. Ein Hauch Ingwer und ein wenig blumiger Mangostanesaft geben ihm den nötigen Kick und verwandeln die Mildheit der Cantaloupe in etwas plötzlich sehr Aufregendes.

ERGIBT ETWA 475 ML

½ Cantaloupe ohne Kerne und Schale

2,5 cm frische Ingwerwurzel

3 EL Mangostanesaft

Cantaloupe und Ingwer entsaften, Mangostanesaft einrühren.

EXTRA-SCHUB
Den fertigen Saft in einen Mixer geben und 2 Esslöffel getrocknete Gojibeeren (oder 1 Esslöffel Gojipulver oder Goji-Saft) zufügen. Gut durchmixen, dann durch ein feines Sieb gießen.

ORANGE-MANGOSTANE

Dieser cremige Deluxe-Orangendrink erinnert an Smoothie-Klassiker von Orange Julius
(eine „Saft-Kette" in den USA, Anm.d.V.). Ihn zu trinken ist das reine Vergnügen.
Er ist vollgepackt mit energetisierenden Superfoods wie Hanfsamen, die reich
an Omega-Fettsäuren sind, und entzündungshemmender Mangostane.

ERGIBT ETWA 475 ML

Orangen und Pfirsiche entsaften. Saft in einen Mixer geben und Mangostanesaft, Hanfsamen und Vanilleextrakt zufügen. Mixen, bis die Hanfsamen ganz zerkleinert sind.

1 ½ große Orangen, geschält

3 Pfirsiche, entsteint

2 EL Mangostanesaft

1 EL Hanfsamen

⅛ TL Vanilleextrakt

WISSEN ZUM WOHLFÜHLEN
Mangostane zeichnet sich besonders durch seinen hohen Gehalt an Xanthon aus; das ist ein besonderes Antioxidans, das antibakterielle, antimykotische, entzündungshemmende und sogar antikarzinogene Eigenschaften hat.

WASSERMELONE-GOJI

Ob Sie es glauben oder nicht, Basilikum verstärkt das natürliche Aroma der Wassermelone. Die eingeweichten und prallen Gojibeeren können zum Schluss entweder untergemixt oder als saftige kleine Extras im Ganzen zugegeben werden.

ERGIBT ETWA 475 ML

3 Tassen Wassermelone, entkernt und ohne Schale

1 Handvoll frisches Basilikum

2 EL Gojibeeren

Wassermelone und Basilikum entsaften, Gojibeeren dazugeben, alles gut mischen und die Beeren 15 Minuten einweichen lassen, bis sie ganz mit Saft durchtränkt sind. Der Saft kann gemixt werden, um die Gojibeeren vollständig einzuarbeiten, oder man genießt ihn, wie er ist, nämlich mit den dicken Gojibeeren, die ihm eine schöne Textur geben.

EXTRA-SCHUB

Verwenden Sie violettes Basilikum statt der grünen Variante, um dem Saft eine atemberaubend rote Farbe zu geben – und machen Sie sich zugleich seine herzgesunden Anthocyan-Antioxidantien zunutze. Violettes Basilikum finden Sie in den Sommermonaten auf vielen Wochenmärkten, oder ziehen Sie es sich zu Hause im Kräutertopf

ACAI-KIRSCH-LIMONADE

Acai und Kirsche verwandeln jede gute Limonade in ein großartiges Getränk und reichern es massenhaft mit Antioxidantien und fröhlichem Fruchtaroma an. Wenn Sie keine ganzen Kirschen zum Auspressen haben, können Sie ersatzweise auch 80 ml gekauften Kirschsaft nehmen. (Das ergibt immer noch einen wunderbaren Drink.)

ERGIBT ETWA 475 ML

1 Tasse tiefgekühlte Kirschen

1 Tasse rote Trauben

1 Tasse Wasser

2 Limetten, entsaftet

1 EL Acaipulver

Süßungsmittel nach Belieben

Nutzen Sie die Auftau-Entsaftungsmethode auf Seite 34, um Ihre Kirschen zu entsaften. Dann die Trauben entsaften und den frischen Saft in einen Mixer oder Shaker gießen. Den Kirschsaft, das Wasser, den Limettensaft und das Acaipulver dazugeben und mixen, bis alles gut vermischt ist. Abschmecken und süßen, wenn gewünscht.

EXTRA-SCHUB
Verwenden Sie eine andere Powerbeere statt der (oder zusätzlich zur) Acaibeere, etwa 1 Teelöffel Maquipulver oder 1 Esslöffel Aroniasaft.

ERDBEER-RHABARBER

Wenn Sie in Ihrem Garten keinen Rhabarber haben oder nicht die Saison dafür ist, bietet tiefgekühlter Rhabarber aus dem Laden oder Bio-Rhabarbersaft eine unglaublich praktische und preiswerte Möglichkeit, seinen klaren, herben Geschmack dennoch zu genießen. (Wenn Sie frischen Rhabarber haben, umso besser!)

Hinweis: Entsaften Sie nichts anderes als die dicken Stängel der Rhabarberpflanze. Die Blätter sind giftig.

ERGIBT ETWA 475 ML

- 2 Tassen Erdbeeren
- 1 Tasse Rhabarber, geschnitten, gedämpft
- 2 große, süße Äpfel ohne Kerngehäuse
- 1 cm frische Ingwerwurzel
- 1 EL Maquipulver
- Süßungsmittel nach Belieben (optional)

Erdbeeren, Rhabarber, Äpfel und Ingwer entsaften, dann das Maquipulver einrühren. Abschmecken und Stevia oder Süßungsmittel der Wahl zugeben, wenn gewünscht.

WISSEN ZUM WOHLFÜHLEN

Erdbeeren und Rhabarber sind mehr als eine klassische Geschmackspaarung. Als Duo sind sie ein ernährungsphysiologisches Kraftwerk. Erdbeeren sind voller Antioxidantien und haben das Potenzial, beispielsweise hohen Blutdruck und Hautkrebs zu bekämpfen. Rhabarber hingegen ist eine großartige Quelle für Vitamin C und Vitamin K.

ACAI-TRAUBE

Sie würden nie auf die Idee kommen, dass sich in diesem süßen violetten Drink zwei Tassen Kohl verstecken!

ERGIBT ETWA 540 ML

- 3 Tassen rote Trauben
- 1 süßer Apfel ohne Kerngehäuse
- 2 Selleriestangen
- 2 Tassen Rotkohl, geschnitten
- 2 EL Acaipulver

Trauben, Apfel, Sellerie und Kohl entsaften. Den Saft in einen Shaker oder Mixer gießen, Acaipulver zugeben und alles gut vermischen.

WISSEN ZUM WOHLFÜHLEN

Während diese violette Variante des Kohls streng genommen vielleicht nicht wirklich als Blatt*grün*-Superfood durchgeht, besitzt Rotkohl aufgrund seiner eindrucksvollen Vorzüge sogar einen Ehrenplatz innerhalb des supergesunden Blattgemüse. Die Kombination aus Anthocyan-Antioxidantien, außergewöhnlichen Schwefelverbindungen sowie den Speichern von Vitamin C und K machen Rotkohl zu einem wunderbaren Anti-Aging-Superfood, besonders berühmt auch für seine Effekte für eine großartige Haut.

GRANATAPFEL-GURKE

Die getrockneten Gojibeeren geben dieser feuchtigkeitsregulierenden Mischung eine natürliche Süße und, wenn sie vollgesogen sind, eine ausgefallene Textur. Sie können die Gojibeeren aber auch ganz weglassen und den Gurken-Granatapfelsaft pur oder mit einem Hauch Süßungsmittel genießen.

ERGIBT ETWA 720 ML

1 Gurke

🌸 1 ½ Tassen ungesüßter Granatapfelsaft

🌸 3 EL getrocknete Gojibeeren

Süßungsmittel nach Belieben

Die Gurke entsaften. Den Gurkensaft mit dem Granatapfelsaft und den Gojibeeren verrühren und die Beeren 20 bis 30 Minuten quellen lassen – oder so lange, bis sie dick und ganz mit Flüssigkeit vollgesogen sind. Abschmecken und Stevia oder ein Süßungsmittel Ihrer Wahl zugeben, wenn gewünscht.

WISSEN ZUM WOHLFÜHLEN

Studien haben ergeben, dass Granatapfelsaft die Bildung von Brustkrebszellen unter gewissen Voraussetzungen verhindern und Krebszellen abtöten kann, während gesunde Zellen in Ruhe gelassen werden. Weiter gibt es Hinweise, dass Granatapfel auch bei der Behandlung von Prostatakrebs helfen kann.

SCHARFE PAPAYA

Schüren Sie das Feuer Ihrer Verdauung mit dieser leicht scharfen Mischung! Papaya ist für seine magenfreundlichen Enzyme bekannt, und Cayennepfeffer gibt dem Stoffwechsel einen kleinen Anschub. Am besten wählen Sie eine sehr weiche, reife Papaya; die schenkt Ihnen ein optimales Geschmackserlebnis, dem ein Hauch Stevia einen süßen Touch verleiht.

ERGIBT ETWA 475 ML

1 ½ Tassen Papaya, geschält und ohne Kerne

1 ½ Tassen Erdbeeren

1 ½ große Orangen, geschält

½ Limette, entsaftet

3 EL Mangostanesaft

2 – 3 Prisen Cayennepfeffer

Süßungsmittel nach Belieben

Papaya, Erdbeeren und Orangen entsaften. Saft in einen Shaker gießen und Limettensaft, Mangostanesaft und Cayennepfeffer zugeben; gut schütteln. Abschmecken und Stevia (oder das gewünschte Süßungsmittel) zugeben, um den Geschmack zu optimieren.

EXTRA-SCHUB
1 Esslöffel Chiasamen zugeben, gut schütteln und den Saft mindestens 15 Minuten stehenlassen, damit die Chiasamen aufquellen können. Das macht den Saft dicker, sämigerund bereichert ihn mit Ballaststoffen. Ein guter Anschub für die Verdauung.

KALORIEN IM SAFT

Wenn Sie beim Essen den Schwerpunkt auf Nähr-stoffdichte legen (beispielsweise indem Sie Super-food-Säfte trinken), kommen die Kalorien ganz von selbst ins Gleichgewicht – hauptsächlich, weil Nahrungsmittel mit hoher Nährstoffdichte in der Regel weniger Kalorien haben und unser Körper besser auf ideale Ernährung reagiert und satter davon wird. Doch weil Säfte oft Teil eines Entgif-tungsprogramms (Cleanse) sind, kommt das Thema „Kalorien" in diesem Zusammenhang häufig auf. Im Folgenden handelt es sich zwar nur um unge-fähre Angaben, aber Sie können damit rechnen, dass Ihre Säfte pro 240 ml die folgende Menge an Kalorien enthalten.

DURCHSCHNITTLICHE KALORIENZAHL VON SAFT PRO 240 ML

Grüne Säfte 50 – 80 Kalorien (meist am unteren Ende der Skala)
Gemüsesäfte 60 – 90 Kalorien
Fruchtsäfte 90 – 120 Kalorien (meist am oberen Ende der Skala)

KALORIENZAHL REDUZIEREN

Wenn Sie die Kalorienzahl Ihrer Säfte reduzieren möchten, gibt es ein paar Tricks, die im Großen und Ganzen kaum Einfluss auf den Geschmack haben. Bei grünen und Gemüsesäften können Sie alle Früchte reduzieren oder weglassen und sie durch Gurke oder Sellerie ersetzen; das führt zu einer signifikanten Kalorienreduktion (und wenn Sie ein wenig Süße möchten, fügen Sie einen Hauch Stevia hinzu). In Fruchtsäften erreicht man eine besonders einfache Kalorien- und Zuckerreduktion, indem man Wasser hinzufügt und den Geschmack mit ein wenig Stevia „streckt". Sie werden sich wundern, wie viel Saft Sie durch Wasser ersetzen können, um dank der Süßkraft von Stevia doch noch einen geschmackvollen Saft zu erhalten. Beginnen Sie mit einem 50:50-Verhältnis von Saft und Wasser, und schmecken Sie mit Stevia ab. Die „Stevia-Verlängerung" ist das große Geheimnis, wenn es darum geht, die Geschmacksnerven auszutricksen und „viel" Fruchtsaft mit wenig Kalorien zu genießen.

KALORIENZAHL ANHEBEN

Manchen Menschen (die aktiv bleiben oder verhindern möchten, dass sie Gewicht verlieren) reichen die Kalorien allein aus den Säften nicht aus, speziell wenn sie entgiften. Fruchtsäfte können jedoch mit Superfoods – Hanf- und Chiasamen oder Nussmus, etwa Mandel- oder Cashewmus – gemischt werden; sie werden dadurch cremiger und deutlich sättigender. Gemüsesäfte mit Wurzeln vertragen in der Regel auch das Hinzufügen von Proteinpulver. Grüne Säfte hingegen können mit ein wenig Avocado verrührt werden oder mit ungesättigten Ölen, die reich an essenziellen Fettsäuren sind, wie Hanf- oder Leinöl. Durch ein wenig Eiweiß und Fett verwandelt sich ein leichter Saft schnell in eine nachhaltige Mini-Mahlzeit der energiereichsten Art.

ZITRUS-APFEL

Äpfel und Orangen, unsere alltäglichsten Früchte, werden mit einem
Superfood-Kick zu einem natürlich stimulierenden Safterlebnis.

ERGIBT ETWA 540 ML

2 große Äpfel ohne Kern-
gehäuse

2 große Orangen, geschält

2,5 cm frische Ingwerwurzel

2 EL Sanddornsaft

Äpfel, Orangen und Ingwer entsaften, den Sanddornsaft einrühren.

....

EXTRA-SCHUB
Den Saft in einen Mixer oder Shaker geben und ¼ Teelöffel
Camupulver zufügen – das bringt extra Vitamin C. Gut mischen.

....

CHILI-PFIRSICH

Mit seiner eindrucksvoll entzündungshemmenden Kraft, die von einem halben Dutzend Ingredienzien stammt, ist dieser Saft mehr als nur ein leckerer Gaumenkitzler. Er ist tatsächlich zweckgerichtet komponiert. Achten Sie darauf, reines Chilipulver zu verwenden und nicht etwa eine „Chili-Mischung" (die enthält oft Knoblauch, Zwiebeln und andere Gewürze, die an sich zwar durchaus verführerisch, in frischem Fruchtsaft aber eher unpassend sind).

ERGIBT ETWA 720 ML

3 Pfirsiche, entsteint

2 süße Äpfel ohne Kerngehäuse

4 Karotten

1 cm frische Kurkuma (Gelbwurz)

½ TL Camupulver

⅛ TL Chilipulver

Süßungsmittel nach Belieben (optional)

Pfirsiche, Äpfel, Karotten und Kurkuma entsaften. Saft in einen Shaker oder Mixer gießen, Camupulver sowie Chilipulver dazugeben und mixen, bis alles gut eingearbeitet ist. Abschmecken und mit Stevia oder dem Süßungsmittel Ihrer Wahl abrunden, wenn gewünscht.

WISSEN ZUM WOHLFÜHLEN

Weil sie als Gewürz gilt, ist Kurkuma (Gelbwurz) kein Superfood, sondern fällt eher in die Kategorie „Superkräuter". Ihre unglaubliche Heilkraft lässt sich so oder so nicht leugnen. Neben vielen anderen seiner Vorzüge hat sich gezeigt, dass regelmäßiger Kurkumakonsum Alzheimer-Symptome um 30% reduzieren kann, und zwar dank des Antioxidans, das der Wurzel seine charakteristische gelb-orange Farbe gibt und als Kurkumin bekannt ist.

SPIRULINA-WASSERMELONE

Ich gebe offen zu, dieser Saft gewinnt den Preis „Hässliches Entlein". Er ist definitiv nicht der Drink, den man einem neuen Bekannten serviert. Aber lassen Sie sich von seiner trüben Farbe nicht täuschen. Er ist über die Maßen köstlich und gibt viel Energie als überragender Feuchtigkeitsspender für den Körper. Ich bereite ihn immer in großen Mengen zu, denn er ist einer der wenigen Säfte, die sich im Kühlschrank ein paar Tage halten; außerdem fällt es nicht schwer, viel davon zu trinken. Sollte Ihre Wassermelone nicht die süßeste sein, wird ein winziges bisschen Stevia wirklich Wunder wirken, um ihr Aroma zu betonen.

ERGIBT ETWA 1 LITER

6 Tassen Wassermelone
ohne Kerne und Schale

1 Zitrone, ausgepresst

½ TL Spirulina-Pulver

⅛ TL Cayennepfeffer, gemahlen

Süßungsmittel nach Belieben

Wassermelone entsaften. Den frischen Saft in einen Mixer gießen und mit Zitronensaft, Spirulina-Pulver und Cayennepfeffer verquirlen. Abschmecken und nach Wunsch mit Stevia (oder Süßungsmittel der Wahl) süßen.

WISSEN ZUM WOHLFÜHLEN

Spirulina ist eine der besten natürlichen Nahrungsquellen für Gamma-Linolensäure (GLA). Sie gilt als „gute" Omega-6-Fettsäure und wird oft als Hilfe zum Abnehmen eingesetzt, weil sie den Stoffwechsel reguliert und die Beharrlichkeit des Körpers mindert, mit der er Fett speichert.

ANANAS-MANGOSTANE

Von der asiatischen Mangostanefrucht zur süßen Ananas, die in Südamerika heimisch ist – was für ein köstliches Geschenk, die eine tropische Delikatesse über alle Grenzen hinweg mit der anderen bekannt zu machen … und dann zu erleben, wie schnell sie Freundschaft in Sachen Aroma schließen.

ERGIBT ETWA 475 ML

1 Ananas, geschält

⅓ Tasse Mangostanesaft

⅛ TL Vanilleextrakt

Süßungsmittel nach Belieben (optional)

Die Ananas entsaften. Den Saft mit Mangostanesaft und Vanilleextrakt mischen. Abschmecken und mit Stevia (oder einem Süßungsmittel Ihrer Wahl) süßen, wenn gewünscht.

WISSEN ZUM WOHLFÜHLEN
Die Superfrucht Mangostane ist botanisch nicht mit der beliebten Mango verwandt; ihr ORAC-Wert (Maßeinheit zur Messung des Antioxidans-Spiegels) rangiert übrigens um 150% höher als der von Mango.

ZITRUS-ALOE

Wenn Sie eine Aloe-vera-Pflanze haben, wunderbar! Sie können sie für diesen Saft verwenden. Filetieren Sie eines der saftigen Blätter, wobei Sie das geleeartige Innere von der Haut trennen. Dann schicken Sie es einfach durch Ihren Entsafter oder arbeiten es mit einem Mixer in den fertigen Saft ein. (Wenn Sie das ganze Blatt entsaften, ohne es vorher zu filetieren, wird der Geschmack sehr bitter.) Sie haben keine Aloe-vera-Pflanze? Kein Problem. Verfahren Sie mit dem gekauften Aloe-vera-Saft wie im Rezept unten angegeben.

ERGIBT ETWA 475 ML

2 große Orangen, geschält

1 Grapefruit, geschält

¼ Tasse Mangostanesaft

¼ Tasse Aloe-vera-Saft

1 EL Sanddornsaft

Süßungsmittel nach Belieben (optional)

Die Orangen und die Grapefruit entsaften. Den Saft mit Mangostane-, Aloe-vera- und Sanddornsaft mischen.

WISSEN ZUM WOHLFÜHLEN
Aloe vera mit anderen nährstoffreichen Inhaltsstoffen zu kombinieren, kann deren positive Wirkungen verbessern, indem es die Bioverfügbarkeit von natürlich vorkommenden Antioxidantien erhöht.

ACAI-INGWER

Mark Twain soll gesagt haben: „Warum nicht hoch hinaus wollen? Da hängen die besten Früchte."
Nun, Mr. Twain, da stimme ich zwar zu, und ich schätze Ihren Witz, aber mit zwei
Wurzeln, ein paar grünen Blättern und einer sehr speziellen Superbeere,
die gern auf Palmen wächst, setze ich hier noch eins drauf.

ERGIBT ETWA 475 ML

1 großer, süßer Apfel
ohne Kerngehäuse

1 sehr reife Birne
ohne Kerngehäuse

1 Rote Bete, geschrubbt und
von Blattansätzen befreit

3 Grünkohlblätter

2,5 cm frische Ingwerwurzel

2 EL Acaipulver

Apfel, Birne, Rote Bete und Ingwer entsaften. Den Saft in einen Mixer oder Shaker gießen und das Acaipulver zugeben. Gut mixen. Dieser Saft kann zwar sofort getrunken werden, aber er schmeckt noch besser, wenn Sie ihn 5 Minuten stehen lassen, damit das Acaipulver etwas Flüssigkeit ziehen und den Saft extra cremig machen kann.

WISSEN ZUM WOHLFÜHLEN

Acaibeeren enthalten große Mengen pflanzlicher Sterine (auch Sterole genannt), die Cholesterin reduzieren können. So empfiehlt die *American Heart Association* pflanzliche Sterine für Erwachsene mit hohem allgemeinen oder LDL-Cholesterinspiegel und für Personen, bei denen Herz- und Gefäßerkrankungen vorliegen.

PFLAUME-ARONIA

*Ich weiß nicht, wie es bei Ihnen ist, aber meine Geschmacksknospen lieben das Spiel
zwischen süßen und herben Aromen. Hier finden Sie die perfekte Balance:
Orange und Apfel (süß), gemischt mit Pflaume und Aroniabeere (herb).*

ERGIBT ETWA 540 ML

4 Pflaumen, entsteint

2 Orangen, geschält

1 süßer Apfel ohne Kerngehäuse

1 EL Aroniasaft

⅛ TL Zimt

Süßungsmittel nach Belieben
(optional)

Pflaumen, Orangen und Apfel entsaften. Den Saft mit Aroniasaft
und Zimt mischen. Abschmecken und, wenn nötig, einen Hauch
Süßungsmittel, etwa Stevia, zugeben.

WISSEN ZUM WOHLFÜHLEN

Aroniabeeren haben 300% mehr Antioxidantien zu bieten als
Heidelbeeren (ihre einheimischen Superfood-Kollegen).

SCHARFER GRANATAPFEL

Lassen Sie sich von der tief-purpurnen Farbe dieses Safts nicht abschrecken – die geschmackliche Reise von süß zu scharf zu erdig zu würzig macht wirklich großen Spaß. Außerdem ist diese Kombination mit ihrem kraftvollen Spektrum der Antioxidantien ein Rockstar unter den Anti-Aging-Drinks.

ERGIBT ETWA 475 ML

2 große, süße Äpfel ohne Kerngehäuse

1 Rote Bete, geschrubbt und von Blattansätzen befreit

2,5 cm frische Ingwerwurzel

½ Tasse Granatapfelsaft

2 TL Maquipulver

⅛ TL Zimt

⅛ TL Cayennepfeffer, gemahlen

Äpfel, Rote Bete und Ingwer entsaften. Den Saft in einen Mixer gießen und den Granatapfelsaft, das Maquipulver, den Zimt und den Cayennepfeffer dazugeben. Gut durchmischen und den Saft vor dem Servieren durch ein feines Sieb gießen.

EXTRA-SCHUB
½ Tasse frische oder aufgetaute Heidelbeeren dazugeben. Mischen Sie die Beeren unter, wenn Sie die Gewürze dazugeben, und sieben Sie das Ganze vor dem Servieren durch. Die Heidelbeeren können entweder zusätzlich zum Maquipulver oder als Ersatz dafür verwendet werden.

SUPERBEEREN-KIWI

Seltsamerweise betrachten Botaniker die Kiwi als Beere – eine wenig bekannte Tatsache, und doch ist ihre Affinität zu anderen, „gewöhnlichen" Beeren kein Rätsel. Besonders die Kombination mit Erdbeeren ergibt eine geradezu klassische Paarung. Bei dieser wohlschmeckenden Combo legen wir noch eins drauf, indem wir Maqui hinzufügen – so bekommen wir einen wahren Supermix.

ERGIBT ETWA 475 ML

- 2 Tassen Erdbeeren
- 2 Kiwis, geschält
- 1 großer, süßer Apfel ohne Kerngehäuse
- 2 TL Maquipulver
- Süßungsmittel nach Belieben

Die Erdbeeren, die Kiwis und den Apfel entsaften. Das Maquipulver mit dem Saft verquirlen und das Ganze, wenn erforderlich, durch ein feines Sieb seihen. Abschmecken und, wenn nötig, mit Stevia (oder einem gewünschten Süßungsmittel) süßen.

WISSEN ZUM WOHLFÜHLEN
Kiwi, eine der wenigen grünen Früchte, enthält Chlorophyll und ist reich an Vitamin C und Carotinoiden.

KAKAO-BIRNE

Ein Saft mit Schokolade – oh, mein Gott, ja! Die Süße von gemahlenem Kakao spielt in diesem Rezept mit der Frische der Birnen – eine Symphonie für jeden Mund.

ERGIBT ETWA 475 ML

4 extra-reife Birnen
ohne Kerngehäuse

2 TL Mandelmus

1 TL Vanilleextrakt

2 EL Rohkakao-Pulver

⅛ TL Zimt

Die Birnen entsaften. Gießen Sie den frischen Saft in einen Mixer, geben Sie die restlichen Zutaten hinzu, und mixen Sie das Ganze, bis es gleichmäßig flüssig ist.

WISSEN ZUM WOHLFÜHLEN

Wenn es um Magnesium geht, steht Kakao ganz oben auf der Liste; er bietet mehr davon als jedes andere Nahrungsmittel. Magnesium spielt eine extrem wichtige Rolle im Körper. Unter anderem unterstützt es die Aufnahme von Kalzium, fördert die Entgiftung und hilft, die Symptome von PMS (Prämenstruelles Syndrom) und Menopause zu mildern.

ANANAS-ARONIA

*Wie ein guter Dessertwein verfügt dieser Saft über zahlreiche Geschmacksnoten
und klingt nach dem letzten Schluck noch lange nach.*

ERGIBT ETWA 475 ML

½ Ananas, geschält

2 süße Äpfel ohne Kerngehäuse

2,5 cm frische Ingwerwurzel

1 TL Vanilleextrakt

1 EL Aroniasaft

Ananas, Äpfel und Ingwer entsaften. Vanilleextrakt und Aronia-saft in den Saft mixen.

EXTRA-SCHUB
Zusätzlich zu (oder statt) Aroniasaft können Sie ¼ Tasse
Heidelbeersaft verwenden, entweder im Laden gekauft oder mit
der Auftau-Entsaftungsmethode von Seite 34 frisch zubereitet.

KUMQUAT-CRANBERRY

Kumquats, die mit Schale entsaftet (und natürlich auch gegessen) werden können, geben diesem Saft eine unglaublich heitere Note. Mischen Sie den Saft mit ein wenig Kombucha oder Schaumwein, und Sie erhalten einen beschwingten Cocktail mit beachtlichem „Wow"-Appeal.

ERGIBT ETWA 475 ML

1 Tasse Kumquats

2 große, süße Äpfel ohne Kerngehäuse

½ Tasse ungesüßter Cranberry-saft

1 TL Maquipulver

Süßungsmittel nach Belieben

Entsaften Sie die Kumquats als Ganzes mit den Äpfeln. Fügen Sie dem Saft Cranberrysaft und Maquipulver zu und mixen alles gut. Abschmecken und mit Stevia (oder einem Süßungsmittel Ihrer Wahl) süßen.

WISSEN ZUM WOHLFÜHLEN

Seit den 1840er-Jahren haben deutsche Forscher die gesundheitliche Wirkung von Cranberrys auf Harnwegsentzündungen erforscht. Noch heute gilt Cranberrysaft als eines der wirksamsten Naturheilmittel zur Stärkung der Nieren und der Harnwege.

GOJI-MANGO-LIMONADE

Bunt und tropisch – diese Limonade geht als netter Virgin Cocktail durch.

ERGIBT ETWA 475 ML

½ Mango, geschält und
ohne Stein

½ Orange, geschält

½ Limette, ausgepresst

1 Tasse Kombucha

2 EL getrocknete Gojibeeren

Süßungsmittel nach Belieben

Mango und Orange entsaften. Den Saft mit dem Limettensaft, Kombucha und den Gojibeeren verquirlen. 20 bis 30 Minuten in den Kühlschrank stellen oder so lange, bis die Gojibeeren vollgesogen und gut mit Saft durchtränkt sind. Wenn gewünscht, mehr Limettensaft zugeben und mit Stevia oder einem anderen Süßungsmittel abschmecken.

WISSEN ZUM WOHLFÜHLEN

Bergen Gojibeeren das Geheimnis einer besseren Lebensqualität?
Eine wissenschaftliche Untersuchung hat gezeigt, dass Probanden
nach nur 14 Tagen, in denen sie Gojisaft tranken (120 ml pro
Tag), nach eigenen Angaben mehr Energie hatten, besser im
Sport waren, besser schliefen (und besser aufstanden), sich besser
konzentrieren konnten sowie mentale Klarheit plus ein stärkeres
allgemeines Gefühl von Wohlbefinden und Glück empfanden.

BEEREN-„SAHNE"

Diese lila „Milch" mit ihren wertvollen Antioxidantien ist ein herrlicher, flüssiger Luxus,
zu dem die wunderbare Beerensüße gut passt. Ein besonders leichtes Dessert.

ERGIBT ETWA 475 ML

- 2 Tassen tiefgekühlte Heidelbeeren
- 1 ½ Tassen Wasser
- 3 EL Hanfsamen
- 1 TL Maquipulver
- ¼ TL Vanilleextrakt
- ⅛ TL Zimt
- Süßungsmittel nach Belieben

Die Heidelbeeren mit der Auftau-Entsaftungsmethode auf Seite 34 entsaften. Den frischen Saft in einen Mixer gießen und Wasser, Hanfsamen, Maquipulver, Vanille und Zimt dazugeben. Gut mixen und mit Stevia (oder einem Süßungsmittel der Wahl) abschmecken. Vor dem Servieren durch ein feines Sieb abseihen.

EXTRA-SCHUB
Nehmen Sie 1 Esslöffel Acaipulver zusätzlich zum (oder statt) Maquipulver. Statt der tiefgekühlten Heidelbeeren können Sie auch 120 ml gekauften Beerensaft jeder Sorte verwenden oder 2 Tassen frische Erdbeeren entsaften.

GRÜNE SÄFTE

Sie reinigen, entgiften und sind voller Vitalstoffe: Grüne Säfte sind wohl die gesündesten Säfte von allen. Dank der Fülle an grünen Superfoods, die in diesen Säften vorkommen – von Blattgemüsen wie Spinat, über Sprossen wie Weizengras, bis hin zu Mikroalgen wie Spirulina – entfernen grüne Säfte Giftstoffe ganz sanft aus dem Körper, während sie ihm gleichzeitig wichtige Mineralien und schützende Antioxidantien zuführen. Von herzhaften Rezepten wie „Mandel-Sellerie" bis zu den süßen wie „Grüner Apfel-Grünkohl": Das Reich der grünen Säfte ist ebenso groß wie köstlich.

 = SUPERFOOD

 SCHNELLE ERHOLUNG & NEUSTART    REINIGEN & ENTGIFTEN

SCHLANKHEIT & SPANNKRAFT

 KRAFT & AUSDAUER    SCHÖNHEIT & ANTI-AGING

GRÜNER APFEL-GRÜNKOHL

*Für die von Ihnen, die gern einen mildsüßen grünen Saft mögen, könnte dies der neue
Superfood-Favorit werden. Ingwer und Zitrone wären ebenfalls großartige Zugaben
für diese Mischung und könnten für einen Extra-Geschmackskick sorgen.*

ERGIBT ETWA 540 ML

2 große grüne Äpfel
ohne Kerngehäuse

1 Gurke

2 Selleriestangen

⁂ 4 große Grünkohlblätter

⁂ ¼ TL Spirulina-Pulver

Äpfel, Gurke, Sellerie und Grünkohl entsaften. Den frischen Saft in einen Mixer oder Shaker gießen, das Spirulina-Pulver dazugeben und mixen, bis alles gut vermischt ist.

WISSEN ZUM WOHLFÜHLEN
Grünkohl enthält pro Kalorie mehr Kalzium als Kuhmilch
(und wird vom Körper auch besser aufgenommen).

GRÜNKOHLSORTEN

Nur wenige würden ein großes Glas reinen Grünkohlsaft trinken, und doch sind die meisten von uns sich in einem Punkt einig: Grünkohl ist der König unter den Blattgemüsen … und den entsprechenden Säften. Dank der immensen Beliebtheit von Grünkohl tauchen auf Wochenmärkten und in Lebensmittelschäften nun immer neue Sorten auf. Hier die gängigsten Grünkohlsorten, die sich optimal zum Entsaften eignen:

Palmkohl Diese auch als Lacinato-Grünkohl oder Schwarzkohl bekannte Sorte ist die dunkelste Grünkohlvariante. Ihre Kennzeichen sind eine schmale Blattstruktur und dünne Stängel. Weil diese Sorte am meisten Chlorophyll enthält und den mildesten (am wenigsten bitteren) Geschmack hat, wenn sie roh konsumiert wird, ist sie als erste Wahl für Saftrezepte sehr zu empfehlen.

Grüner Krauser Der gängigste Grünkohl auf dem Markt hat das Grün einer Schultafel sowie große, üppige, krause Blätter. Dies ist in der Regel die Sorte, die am einfachsten zu finden ist und deren Blätter enorme Ausmaße annehmen können. Grüner Krauser lässt sich gut entsaften, verleiht den Säften aber einen bitteren Geschmack, wenn man zuviel davon nimmt.

Roter Krauskohl Dies ist die neueste Grünkohlsorte, die Eingang in die Läden gefunden hat. Mit ihren strahlend violetten Stängeln und grünen Blättern, die ein bisschen aussehen wie die von Grüner Krauser, ist diese Sorte auf jeden Fall die schönste.

Auch ernährungsphysiologisch hat sie einiges zu bieten: Anthocyan-Antioxidantien neben einer ganzen Menge Chlorophyll. Ihr Aroma kann ein wenig Richtung „pfeffrig" tendieren. Daher sollte sie in Säften mit Vorsicht eingesetzt werden.

Russischer Roter Dies ist vielleicht die am aufdringlichsten schmeckende Kohlsorte von allen. Ihre flachen, fransigen Blätter sind ziemlich bitter, wenn sie roh konsumiert werden. Russischer Roter kann zwar entsaftet werden, aber andere Sorten wie Roter Krauskohl, Grüner Krauser und Palmkohl führen zu milder schmeckenden Resultaten.

KÜHLENDER GRÜNKOHL

„Entspannte Glückseligkeit" beschreibt das Zusammenspiel der kühlenden Zutaten in diesem Saft am besten. (Andere mögliche Nebenwirkungen? Ein Fall von Melodrama. Auf einem Zettel, den ich in mein Notizbuch für die ursprünglichen Testrezepte gelegt hatte, habe ich diesen Saft mit folgender schräg poetischer Anmerkung beschrieben: „… als würde ich mich im Regenwald an einem glühend heißen Tag unter einen Wasserfall stellen." Na … ich mach jetzt wohl einfach mal weiter und gebe dem Saft die Schuld an diesem Spruch.)

ERGIBT ETWA 475 ML

1 ½ Gurken

½ Honigmelone, entkernt und geschält

1 Apfel ohne Kerngehäuse

5 große Grünkohlblätter

1 große Handvoll frische Minze

1 Zitrone, ausgepresst

Süßungsmittel nach Belieben (optional)

Gurken, Melone, Apfel, Grünkohl und Minze entsaften. Den Saft mit dem Zitronensaft verquirlen. Abschmecken und mit Stevia (oder einem Süßungsmittel Ihrer Wahl) aufpeppen, wenn gewünscht.

EXTRA-SCHUB
½ Teelöffel Weizengraspulver mit dem Zitronensaft einrühren, um den Chlorophyllgehalt (das Reinigungspotenzial) des Safts noch zu steigern.

PORTULAK-SELLERIE

In manchen Gegenden ist Portulak ein verbreitetes Unkraut, ähnlich wie Löwenzahn. Leider kommt es in Südkalifornien, wo ich lebe, eher selten vor, was bedeutet, dass ich mich kaum bremsen kann, wenn ich es mal auf einem Wochenmarkt finde. Die Mengen, die ich dann einkaufe, führen zu Hause immer zu „Portulakwochen". Dieser Saft, am besten auf Eiswürfeln serviert, ist eine meiner liebsten Verwendungsmöglichkeiten für Portulak. Er ist sowohl kühlend als auch nährstoffreich, ein bisschen cremig und von erfrischender Süße. Wenn Sie keinen Portulak finden (seufz!), können Sie stattdessen auch Rucola verwenden.

ERGIBT ETWA 475 ML

1 Handvoll Portulak

1 Gurke

2 Selleriestangen

2 große, süße Äpfel
ohne Kerngehäuse

Alle Zutaten entsaften und gut verquirlen.

WISSEN ZUM WOHLFÜHLEN
Unter allen grünen Pflanzen enthält Portulak die höchste Konzentration an Omega-3-Fettsäuren.

GRAPEFRUIT-MINZE

Brunnenkresse, das liebliche Grün in diesem Saft, ist manchmal nicht so ganz leicht zu verarbeiten. Seine pfeffrigen Aromen können in flüssiger Form recht intensiv sein. Daher enthält dieses Rezept auch starke Zutaten wie Grapefruit und eine gute Dosis Minze, die die Kresseschärfe in Schach halten. Wenn Sie einen Zentrifugenentsafter verwenden, sollten Sie Brunnenkresse und Minze fest in ein großes Salatblatt wickeln, bevor Sie sie in den Einfüllstutzen geben. Dann erhalten Sie die größte Menge Saft aus dem zarten Grün.

ERGIBT ETWA 475 ML

2 große gelbe Grapefruit, geschält

🌸 1 große Handvoll Brunnenkresse

🌸 1 große Handvoll frische Minze

Süßungsmittel nach Belieben

Grapefruit, Brunnenkresse und Minze entsaften. Abschmecken und das Aroma mit Stevia (oder einem Süßungsmittel Ihrer Wahl) verfeinern.

WISSEN ZUM WOHLFÜHLEN

Die möglichen Anti-Krebs-Eigenschaften der Brunnenkresse sind beachtlich. Eine aktuelle britische Studie ergab, dass bei Probanden, die täglich nur eine Portion frische Brunnenkresse konsumierten, die Schädigung der DNA in den Blutzellen um fast 23% zurückging.

INGWER-GRÜNES GEMÜSE

Manche von uns können Ingwer einfach nicht widerstehen (herzliche Grüße an alle, die wie ich süchtig danach sind!), während andere ihn lieber meiden. Wie auch immer, Ingwerwurzel gibt grünen Säften jene gewisse Frische und Würzigkeit, die eine schlichte Mischung auf glamouröse Höhen bringen kann. Letztlich jedoch sind Sie Herr/Frau Ihres Entsafters … Also nehmen Sie mehr oder weniger Ingwer, ganz nach persönlichem Geschmack.

ERGIBT ETWA 540 ML

1 Gurke

1 Selleriestange

2 grüne Äpfel ohne Kerngehäuse

2 große Handvoll Spinat

½ Zitrone, ausgepresst

5 cm frische Ingwerwurzel

Alle Zutaten zusammen entsaften.

EXTRA-SCHUB
½ Teelöffel Camupulver in den fertigen Saft rühren,
das bringt extra Vitamin C.

SELLERIE-BLATTGEMÜSE

Obwohl es sich hier um eine zutiefst alkalisierende Schönheit von einem Saft handelt,
ist das kein Rezept für Anfänger in Sachen grüner Säfte. Dieser Saft ist stark.
Und so wirkt er auch. Für diejenigen von Ihnen, die einen herzhaften,
fast schon brüheähnlichen Saft zu schätzen wissen, ist er perfekt.

ERGIBT ETWA 540 ML

10 Selleriestangen

1 Römersalat-Herz

3 große Grünkohlblätter

½ Bund frische Petersilie

½ Zitrone, ausgepresst

Sellerie, Römersalat, Grünkohl und Petersilie entsaften, dann den Zitronensaft einrühren.

EXTRA-SCHUB
Den fertigen Saft in einen Mixer gießen und 1 Teelöffel Mandelmus mit 2 Esslöffeln Hanfsamen dazugeben.
Mixen, bis alles homogen ist, und abseihen, wenn gewünscht.

ZITRONE-MANGOLD

Der Geschmack von Mangold kann stark variieren, und zwar abhängig vom Boden, auf dem er wächst (mineralreiche Böden beispielsweise bringen ein besonders salziges, herzhaftes Element ins Spiel). Schmecken Sie den Saft also ab, und passen Sie die Menge an Blattgemüse, die Sie der Mischung hinzufügen, entsprechend an. Frische Zitrone hilft, den „grünen" Geschmack auszugleichen.

ERGIBT ETWA 540 ML

1 ½ Gurken

2 Selleriestangen

 3 – 4 große Mangoldblätter

1 Jalapeño-Schote, Kerne entfernt

½ Zitrone, ausgepresst

¼ TL Chlorella-Pulver

Gurken, Selleriestangen, Mangold und Jalapeño-Schote entsaften. Den Saft in einen Shaker gießen, Zitronensaft und Chlorella-Pulver dazugeben und alles gut schütteln, damit es sich vermischt.

WISSEN ZUM WOHLFÜHLEN
Chlorella (der Name ist passend) enthält die höchste Konzentration an Chlorophyll, die im Pflanzenreich bekannt ist.

FENCHEL-KRÄUTER

Als Mitglied der Anis-Familie ist der ein wenig nach Lakritz schmeckende Fenchel eine ausgewogene, willkommene Ergänzung zu den frischen Aromen dieses Safts. (Ehrlich, schon die einfache Kombination aus Fenchel- und Gurkensaft – à la carte – gehört zu meinen absoluten Favoriten.) Ich denke, Sie werden dieses Rezept wunderbar belebend und enorm reinigend finden.

ERGIBT ETWA 540 ML

½ Fenchelknolle mit Wedeln

½ Gurke

2 große, süße Äpfel ohne Kerngehäuse

1 kleine Handvoll frische Minze

1 kleine Handvoll frische Petersilie

¼ Zitrone, ausgepresst

Süßungsmittel nach Belieben (optional)

Fenchel, Gurke, Äpfel, Minze und Petersilie entsaften. Den Saft mit dem Zitronensaft verquirlen. Abschmecken und, wenn nötig, einen Hauch Süßungsmittel wie Stevia dazugeben.

EXTRA-SCHUB

Dieser Saft ist eine überraschend schmackhafte Basis für eine Mischung mit Proteinpulver (vorzugsweise pflanzlich), leicht aromatisiert oder mit Vanillegeschmack.

SCHARFES GRÜN

Wie viel Pep mögen Sie? In diesem Saftrezept können Sie die Schärfe regulieren – von leicht (indem Sie vor dem Entsaften sämtliche Kerne aus der Jalapeño-Schote entfernen) bis extra scharf (wenn Sie die Pfefferschote ganz entsaften), über alle Zwischenstationen. Ich trinke diesen Saft, wenn ich das Gefühl habe, dass eine Erkältung im Anzug ist, und weil er wenig Zucker enthält, dafür aber viele Nährstoffe, die das Immunsystem stärken, vor allem Vitamin C und Chlorophyll.

ERGIBT ETWA 540 ML

2 Gurken

4 Selleriestangen

❉ 3 Grünkohlblätter

❉ 2 Blätter Römersalat

1 Jalapeño-Schote, Kerne (teilweise oder ganz) entfernt

½ Limette, entsaftet

❉ ¼ TL Camupulver

Gurken, Sellerie, Grünkohl, Salat und die Jalapeño-Schote entsaften. Den Saft in einen Shaker oder Mixer gießen, den Limettensaft und das Camupulver dazugeben und mixen, bis alle Zutaten ganz eingearbeitet sind.

EXTRA-SCHUB
Geben Sie Koriander hinzu, um den Geschmack der Mischung noch weiter aufzuwerten und um die Vorzüge seiner natürlichen antibakteriellen und antimykotischen Eigenschaften zu nutzen.

SÜSSER SPINAT

Sie können wirklich große Mengen von Spinat in diesen Saft mischen, ohne dass er überwältigend „grün" schmeckt. Die Superfoods – grünes Blattgemüse und Camupulver – bleiben im Hintergrund wie nette Nachbarn, die Sie nur ganz selten zu Gesicht bekommen.

ERGIBT ETWA 475 ML

2 Tassen helle Trauben

1 Gurke

2 große Handvoll Spinat

¼ TL Camupulver

Trauben, Gurken und Spinat entsaften. Den Saft in einen Shaker oder Mixer gießen und mit dem Camupulver mischen.

EXTRA-SCHUB

Um Ihrem grünen Drink mehr Sämigkeit zu verleihen, geben Sie 2 Esslöffel Chiasamen in den Saft und mischen alles in einem Shaker gut durch. Lassen Sie den Drink dann 10 Minuten stehen, damit die Chiasamen sich vollsaugen können. Schütteln Sie ihn noch einmal ordentlich durch, um alle Samenklumpen zu trennen, und lassen ihn dann noch 10 Minuten länger stehen. Hält sich im Kühlschrank mehrere Tage lang.

VANILLE-GRÜNKOHL

Es mag vielleicht seltsam klingen, ein so süßes Aroma wie das der Vanille mit Grünkohl zu kombinieren – das Ergebnis ist jedoch ein beflügelnder Saft mit ebenso ungewöhnlichem wie köstlichem Aroma. Durch Zugabe von etwas sprudelndem Kombucha erreicht dieses Getränk noch eine höhere Stufe in den Himmeln von Ausgewogenheit und Geschmack.

ERGIBT ETWA 475 ML

1 großer, süßer Apfel ohne Kerngehäuse

1 reife Birne ohne Kerngehäuse

4 große Grünkohlblätter

½ Tasse Kombucha (nicht aromatisiert)

¼ TL Weizengraspulver

¼ TL Vanilleextrakt

Apfel, Birne und Grünkohl entsaften. Den Saft in einen Shaker gießen und Kombucha, Weizengraspulver und Vanille dazugeben. Den Behälter verschließen und mehrmals gut durchschütteln – genug, damit sich das Weizengraspulver auflöst (doch nicht zu stark, damit der Kombucha seine natürliche Spritzigkeit nicht verliert).

WISSEN ZUM WOHLFÜHLEN
Kombucha stärkt Leber und Darm und unterstützt damit alle Maßnahmen zur Entgiftung und Reinigung.

PASTINAKE-PETERSILIE

Ich weiß wirklich nicht, was da passiert ist. In meiner hellen Euphorie wurde ich vor einigen Wochen auf einem Bauernmarkt plötzlich zum größten „Pastinaken-Hamster" der Welt und verließ den Markt am Ende mit zehn Pfund Pastinaken in meinem Korb. Das bedeutete eine ganze Woche voller Pastinaken-Rezepte … und letztlich natürlich auch viele Pastinaken-Säfte. Dieses Abenteuer war ein Erlebnis, das in der Tat „an die Wurzel" ging, und es war ein Segen (wenn auch einer, der viel Platz im Kühlschrank beanspruchte). Dank ihres markanten Geschmacks und der zugrundeliegenden Süße sorgen Pastinaken in einem grünen Saft für ein Geschmackserlebnis, das unter den Säften dieses Genres herrlich einzigartig ist – ein grüner Saft, der sich hervorragend zum Mischen eignet.

ERGIBT ETWA 475 ML

4 mittelgroße Pastinaken

2 reife Birnen ohne Kerngehäuse

2 Selleriestangen

1 große Handvoll frische Petersilie

Alle Zutaten entsaften.

EXTRA-SCHUB

1 Esslöffel Chiasamen in den Saft geben, in einen Shaker gießen und gut durchschütteln. Den Saft 10 Minuten in den Kühlschrank stellen, damit die Chiasamen sich vollsaugen und eine köstliche Textur bilden können. Heftig schütteln, um eventuelle Klumpen vom Saft zu trennen. Dann weitere 10 Minuten stehenlassen. Vor dem Servieren noch einmal schütteln.

FENCHEL-MINZE

Dieser Saft ist voll von erfrischenden grünen Zutaten, die dem Körper helfen, kühl zu bleiben, und daher besonders angenehm bei Hitze. Passen Sie die Menge der Minze an Ihre Vorlieben an.

ERGIBT ETWA 475 ML

1 große Fenchelknolle, einschließlich der grünen Wedel

1 ½ Gurken

1 große Handvoll frische Minze

¼ TL Weizengraspulver

Fenchel, Gurken und Minze entsaften. Den Saft in einen Shaker gießen, das Weizengraspulver dazugeben und alles gut schütteln, damit es sich vermischt.

WISSEN ZUM WOHLFÜHLEN

Minze ist mehr als nur eine großartige Quelle reinigenden Chlorophylls. Sie ist ein im wahrsten Sinne des Wortes kühlendes Nahrungsmittel. Das „minzige" Aroma geht auf eine natürliche Menthol-Konzentration zurück, die die elektrische Aktivität der Nervenzellen (sensorische Zellen) in unserem Körper beeinflusst und das Gefühl entstehen lässt, mit etwas Kühlem in Kontakt zu kommen.

LIMETTE-GRÜNES GEMÜSE

Dies ist ein grüner Saft mit einem sympathischen Dreh ins Herzhafte. Oft, wenn ich zu Hause bin und mir nach etwas Schnellem und Leichtem zu Mittag ist, mache ich diese Saftkombination und trinke sie zu einem Stück Vollkornbrot mit zerdrückter Avocado und einer Prise Meersalz. Garantiert lecker.

ERGIBT ETWA 475 ML

1 Gurke

1 Römersalat-Herz

3 Selleriestangen

½ Limette, ausgepresst

¼ TL Weizengraspulver

Gurke, Salat und Sellerie entsaften. Den Saft in einen Shaker gießen, den Limettensaft und das Weizengraspulver dazugeben, dann gut schütteln, damit sich alles mischt.

SUPERFOOD-TIPP

Römersalat-Herzen in einem Saftrezept zu verwenden, ist eine großartige Methode, mehr Grünes in den Saft zu bekommen, ohne „grüne" Aromen hinzuzufügen. Dieses oft vergessene Superfood ist eine besonders gute Quelle für Folsäure, ein B-Vitamin, das wichtig für die Energie und die Steuerung von Stimmungen ist.

SÜSSKARTOFFEL-GRÜNKOHL

Ein herzhafter Saft, süß und etwas würzig. Als Frühstück oder Snack genossen hält seine Energie erstaunlich lange vor.

ERGIBT ETWA 475 ML

230 g Süßkartoffeln, gut geschrubbt

2 süße Äpfel ohne Kerngehäuse

4 große Palmkohlblätter

1 Selleriestange

1 cm frische Ingwerwurzel

⅛ TL Muskatpulver

⅛ TL Zimt

Süßkartoffeln, Äpfel, Palmkohl, Sellerie und Ingwer entsaften. Den Saft in einen Shaker oder Mixer gießen, Muskat und Zimt zugeben und alles gut mischen, um die Gewürze einzuarbeiten.

··

EXTRA-SCHUB

Zusammen mit den Gewürzen können Sie auch einen Löffel (Menge nach Belieben) Proteinpulver mit Vanillegeschmack zugeben.

··

PAK CHOI-MUNGBOHNE

Meine früheste Erinnerung an Mungbohnensprossen ist die, dass ich es als noch recht kleines Mädchen liebte, sie in mich hineinzustopfen – und zwar ganz einfach direkt aus der Tüte, fasziniert von ihrem leckeren Knuspern. Mit ihren dicken, knackigen Stielchen gehören Mungbohnensprossen zu den Sprossen, die sich am besten zum Entsaften eignen. Sie platzen geradezu vor Wasser, das reich an Mineralien ist. Dieser herzhaft grüne Saft schmeckt frisch und klar, durch die Zugabe von grünem Apfel kann er leicht auch zu einem süßen Saft gemacht werden.

ERGIBT ETWA 540 ML

5 Tassen Mungbohnensprossen

4 große Pak-Choi-Blätter

1 Gurke

1 Selleriestange

¼ TL Weizengraspulver

Die gut gewaschenen Mungbohnensprossen eng mit Pak-Choi-Blättern umwickeln und dann in den Entsafter einführen. Die Gurke und die Selleriestange ebenfalls entsaften, dann das Weizengraspulver unterrühren.

WISSEN ZUM WOHLFÜHLEN
Eine Bio-Gurke, die mit Schale konsumiert wird, enthält fast doppelt so viele Antioxidantien wie eine geschälte Gurke.

GURKE-MINZE

Erfrischend, erfrischend, erfrischend. Dieser kühlende Saft hat diesen leichten Hauch Süße vom Apfel und kann eigentlich so getrunken werden, wie er ist … Aber mit ein paar Tropfen Stevia kommen die Aromen noch besser zur Geltung. Wenn Sie eine spezielle Affinität zu Minze haben, nehmen Sie ruhig mehr davon, als das Rezept erfordert.

ERGIBT ETWA 540 ML

2 Gurken

1 großes Bund frische Minze

1 großer, süßer Apfel ohne Kerngehäuse

½ Zitrone, ausgepresst

1 TL Weizengraspulver

Süßungsmittel nach Belieben (optional)

Gurken, Minze und Apfel entsaften. Den Saft in einen Shaker gießen, den Zitronensaft und das Weizengraspulver dazugeben und gut schütteln, um alles zu vermischen. Abschmecken und Stevia (oder ein gewünschtes Süßungsmittel) zugeben, wenn nötig.

EXTRA-SCHUB

Entsaften Sie eine Handvoll eines weiteren frischen, grünen Gewürzkrauts, beispielsweise Petersilie, Koriander, Estragon oder Basilikum. Die verfügen über zusätzliche entgiftende und immunsteigernde Qualitäten.

MANDEL-SELLERIE

Hmm! Dieser Bodybuilding-Drink scheint vielleicht ungewöhnlich, aber sein verlockender Geschmack und sein breites Spektrum an Nährstoffen (Mineralien, Eiweiß, Chlorophyll und mehr) haben ihn zu einem Standardvorrat in meiner Küche gemacht. Ein fabelhafter Saft nach jedem Workout.

ERGIBT ETWA 475 ML

5 Selleriestangen

1 großer, süßer Apfel ohne Kerngehäuse

1 große Handvoll Spinat

1 EL Mandelmus

¼ TL Chlorella- oder Spirulina-Pulver

Sellerie, Apfel und Spinat entsaften. Den frischen Saft in einen Mixer gießen und die Mandelmus sowie Chlorella- oder Spirulina-Pulver dazugeben. Mixen, bis die Masse glatt und homogen ist.

EXTRA-SCHUB
Der Eiweißgehalt lässt sich durch 1 Esslöffel Hanf-Proteinpulver noch zusätzlich erhöhen.

BENGKOANG-RÖMERSALAT

In Scheiben geschnittene Bengkoang (auch Yambohnenwurzel oder Jicama genannt) ist im Geschmack ganz leicht, in ihrer Knackigkeit aber superlecker und „suchterzeugend", fast wie Kartoffelchips, nur eben aus frischem Gemüse. Dieser „Mampf-und-Knusper-Faktor" ist so überwältigend, dass das leicht süße, ungemein erfrischende Aroma erst in Saftform richtig spürbar wird. Hier nun können Sie es in vollem Umfang erleben und schätzen.

ERGIBT ETWA 475 ML

1 ½ Tassen Bengkoang (Yambohnenwurzel, Jicama – nicht zu verwechseln mit Yams, Yamswurzel), geschält und gewürfelt

6 Selleriestangen

2 Römersalat-Herzen

½ Limette, ausgepresst

Bengkoang, Sellerie und Salat entsaften, dann den Limettensaft einrühren.

EXTRA-SCHUB
1 Teelöffel Weizengras bringt einen extra „Grün-Kick".

SPINAT-BIRNE

Spinat ist eher ein Mauerblümchen unter den Geschmacksnoten in einem Saft. Es springt zwar ins Auge, dass dieser Saft grünes Gemüse enthält, aber ich wette, ein Geschmackstest mit verbundenen Augen wird ergeben, dass die Birne hier klar dominiert. Je reifer die Birne ist, desto besser ihr Aroma.

ERGIBT ETWA 475 ML

1 reife Birne ohne Kerngehäuse

1 ½ Gurken

1 große Handvoll Spinat

Süßungsmittel nach Belieben

Birne, Gurken und Spinat entsaften. Saft abschmecken und Stevia (oder ein Süßungsmittel Ihrer Wahl) zugeben, wenn gewünscht.

EXTRA-SCHUB
¼ Teelöffel (oder mehr) Spirulina-Pulver verleiht der Mischung einen extra Superfood-Kick.

VEGGIE CLASSIC

Es würde mich nicht wundern, wenn sich herausstellen würde, dass diese einfache Gemüsekombination – allgegenwärtig in Saft-Bars und häuslichen Küchen – das allererste Saftrezept war, das überhaupt jemals entwickelt wurde. Warum es sich so lange gehalten hat? Es „funktioniert" auf köstlichste Weise. Natürlich habe ich dieser Version einen besonderen Superfood-Kick spendiert – ein wenig Weizengraspulver, das sich dezent im Hintergrund hält. So gewinnt dieses klassische Rezept zusätzlich einen regenerierenden Touch.

ERGIBT ETWA 475 ML

6 Karotten

4 Selleriestangen

1 große Handvoll Spinat

½ TL Weizengraspulver

Karotten, Sellerie und Spinat entsaften. Den Saft in einen Shaker oder Mixer gießen. Das Weizengraspulver dazugeben und gut untermischen.

EXTRA-SCHUB

Dieser Mischung können weitere Blattgemüse oder Kräuter zugegeben werden, um ihre reinigende Wirkung zu intensivieren. Versuchen Sie es mit einer Handvoll Petersilie, Koriander oder ein paar Mangoldblättern.

SCHOKO-MINZE

Seien wir ganz ehrlich: Dieser Saft macht hochgradig süchtig – im positivsten Sinne natürlich. Aufgrund seines Gehalts an Elektrolyten ist er stark feuchtigkeitsregulierend und hat ein Geschmacksprofil, das – wie wunderbar! – an minzige Schokoladenmilch erinnert. Dabei ist er zudem unglaublich erfrischend! Bisher hat noch jeder, der ihn probiert hat, nach dem Rezept gefragt.

ERGIBT ETWA 475 ML

- 6 große Palmkohlblätter
- 1 große Handvoll Minze

  1 ½ Tassen Kokoswasser
- 1 EL Rohkakao-Pulver

  1 TL Vanilleextrakt

  Süßungsmittel nach Belieben

Kohlblätter und Minze entsaften. Den Saft in einen Mixer gießen und Kokoswasser, Kakaopulver und Vanille dazugeben. Alles gut durchmixen. Abschmecken und mit Stevia oder einem bevorzugten Süßungsmittel süßen.

EXTRA-SCHUB
Wenn Sie flüssiges Chlorophyll haben, ist dies ein exzellentes Rezept, um es einzusetzen. Es verstärkt die grüne Farbe (und erhöht die „grüne" Kraft).

SPINAT-HANF

Das ist die Sorte Saft, die problemlos auch als leichte Mahlzeit genossen werden kann.
Der Saft hat einen herzhaften Geschmack und eine leichte Cremigkeit, die sehr sättigend ist.

ERGIBT ETWA 475 ML

8 Selleriestangen

2 große Handvoll Spinat

2 EL Hanfsamen

½ Zitrone, ausgepresst

Sellerie und Spinat entsaften. Den Saft in einen Mixer gießen. Hanfsamen und Zitronensaft dazugeben. Mixen bis die Masse glatt und homogen ist. Abseihen, wenn gewünscht.

WISSEN ZUM WOHLFÜHLEN
Nur 2 Esslöffel Hanfsamen bringen mehr als
7 Gramm leicht verdauliches pflanzliches Eiweiß ins Spiel
und enthalten dabei alle wichtigen Aminosäuren.

KOKOS-SPIRULINA

*Zur Herstellung dieses super-schnellen grünen Safts brauchen Sie noch
nicht einmal einen Entsafter, und das Resultat ist sooo köstlich!
Ich mag ihn mit Vanille und Stevia, aber Sie können beides auch einfach weglassen.*

ERGIBT ETWA 475 ML

2 Tassen Kokoswasser

1 TL Spirulina-Pulver

¾ TL Vanilleextrakt (optional)

Süßungsmittel nach Belieben
(optional)

Das Kokoswasser in einem Mixer oder Shaker mit dem Spirulina-Pulver und dem Vanilleextrakt mischen. Wenn gewünscht, einen Hauch Süßungsmittel wie Stevia hinzufügen.

WISSEN ZUM WOHLFÜHLEN

Kokoswasser ist eine außerordentlich gute Quelle für Elektrolyte, die Ionen bilden, wenn sie in Wasser gelöst sind. Diese Teilchen tragen dazu bei, die Biochemie und das pH-Niveau des Körpers zu regulieren; sie werden für jede innere elektrische Interaktion gebraucht ... Mit anderen Worten, sie beeinflussen die Funktion jeder Zelle Ihres Körpers!

INGWER-APFEL-BROKKOLI

Apfel hat eine sehr schöne Art, jenes bekanntermaßen etwas „aufdringliche" Aroma von Brokkoli auszugleichen … Und ein wenig Ingwer gibt diesem Saft eine erfrischende Schärfe. Wenn Sie den Brokkoli-Geschmack womöglich ganz kaschieren möchten, entsaften Sie einfach einen Apfel mehr oder geben einen Hauch Stevia dazu.

ERGIBT ETWA 475 ML

2 große, süße Äpfel
ohne Kerngehäuse

3 Tassen kleingeschnittener
Brokkoli

2 Selleriestangen

2,5 cm frische Ingwerwurzel

1 Zitrone, ausgepresst

Süßungsmittel nach Belieben
(optional)

Äpfel, Brokkoli, Sellerie und Ingwer entsaften. Den Zitronensaft einrühren. Einen Hauch Süßungsmittel wie Stevia zugeben, wenn gewünscht.

EXTRA-SCHUB

Für einen extra-grünen Kick geben Sie ½ Teelöffel Spirulina-Pulver (oder mehr, nach Belieben) dazu und mischen das Ganze in einem Mixer oder Shaker gut durch.

GEMÜSESÄFTE

Es gab Zeiten, zu denen Tomatensaft schon alles war, was das Thema „Gemüse-saft" zu bieten hatte (dabei ist die Tomate, genau genommen, sowieso eine Frucht). Mittlerweile wissen wir es besser: Es gibt so viele Gemüsesorten, die darauf warten, entsaftet zu werden. Und es gibt kaum eine bessere Möglichkeit, die gesundheit-lichen Vorteile großer Mengen von Gemüse zu genießen, als mit einem guten selbst gemachten Saft. Oft bilden cremige Drinks aus süßen Karotten und Wur-zelknollen die Basis und dann laden zusätzlich heilende Superfoods wie Maca und Sanddorn ein oder eiweißreiche Nahrungsmittel wie Hanfsamen und auch Proteinpulver. Ob nun Säfte mit Kürbis und Extra-Protein oder solche mit Wur-zelgemüse und Cashews … die Rezepte in diesem Kapitel machen das Trinken von Gemüse zu einem Genuss, auf den Sie sich freuen können.

 = SUPERFOOD

 SCHNELLE ERHOLUNG & NEUSTART    REINIGEN & ENTGIFTEN

 SCHLANKHEIT & SPANNKRAFT

 KRAFT & AUSDAUER    SCHÖNHEIT & ANTI-AGING

KLETTE-WURZELGEMÜSE

Je nachdem, wie frisch sie ist, kann eine Klettenwurzel manchmal ziemlich bitter sein. Entsaften Sie daher zunächst nur eine halbe Wurzel und fügen dann, je nach Geschmack, mehr davon hinzu. Auch kann der Anteil an Karotten erhöht werden und für Ausgleich sorgen, wenn dies nötig sein sollte.

ERGIBT ETWA 600 ML

½ Klettenwurzel (etwa 12 bis 15 cm)

8 bis 10 Karotten

1 Rote Bete, geschrubbt und von Blattansätzen befreit

1 Apfel ohne Kerngehäuse

1 Selleriestange

1 Limette, ausgepresst

Klettenwurzel, Karotten, Rote Bete, Apfel und Sellerie entsaften. Dann den Limettensaft einrühren.

WISSEN ZUM WOHLFÜHLEN

In der traditionellen chinesischen Medizin wird Klettenwurzel zur Behandlung von Halsschmerzen und Erkältungssymptomen eingesetzt. Dank Antioxidantien wie Quercetin hat Klettenwurzel auch stark entzündungshemmende Eigenschaften, was bei Hautproblemen (wie Ekzemen) und Gelenkschmerzen (wie Arthritis) hilfreich sein kann.

SANDDORN-ROTE BETE

Zu diesem Getränk setzen Sie sich bitte. Ganz im Ernst. Dieser erstaunliche Saft ist eine verträumte Mischung von Aromen, die dafür sorgt, dass sich Ihr Körper geradezu überwältigend gesund anfühlt. Sie werden sich also sicher einen Moment Zeit nehmen wollen, um das zu genießen.

ERGIBT ETWA 540 ML

2 kleine Rote Bete, geschrubbt
und von Blattansätzen befreit

2 große Navelorangen, geschält

3 EL Sanddornsaft

Rote Bete und Orangen entsaften. Dann den Sanddornsaft einrühren.

WISSEN ZUM WOHLFÜHLEN

Es hat sich gezeigt, dass Rote-Bete-Saft, regelmäßig getrunken, hilft, den Blutdruck zu senken, die Herz-Kreislauf-Funktion zu steigern und auch sportliche Leistungen zu verbessern.
An einer berühmten Dokumentation über die Kraft des Rote-Bete-Safts waren Tour-de-France-Radfahrer beteiligt, die durchschnittlich ca. 2,7% schneller fuhren, wenn sie vor Rennen etwa einen halben Liter Rote-Bete-Saft getrunken hatten.

KAROTTE-GOJI

Karotten und Gojibeeren sind beides exzellente Quellen des Antioxidans Carotin, wichtig zur Bewahrung der Sehkraft. Beide schmecken auch großartig zusammen. Und abgesehen von all dem Vitamin A und Vitamin C, das sie zu bieten haben, machen sie auch Ihr Immunsystem glücklich. Ingwer-Fans wie ich, aufgepasst! Diese Mischung kann durchaus etwas zusätzliche Ingwerwurzel vertragen.

ERGIBT ETWA 540 ML

10 Karotten

2 Selleriestangen

2,5 cm frische Ingwerwurzel

2 EL Gojibeeren

Karotten, Sellerie und Ingwer entsaften. Den frischen Saft in einen Mixer gießen und die Gojibeeren dazugeben. Gut mixen und den Saft dann durch ein feines Sieb abseihen.

EXTRA-SCHUB
1 Esslöffel Sanddornsaft einrühren, das ergänzt den Saft durch Fette, die reich an Antioxidantien sind.

ACAI-YAMS

Süß, cremig und milchig – Yamssaft ist eine unerwartete Köstlichkeit … und eine perfekte Basis
für die geschmackliche Fülle von Acai mit ihren sanft-beerigen Untertönen.
Dies ist ein milder Saft, der nichts als großartige Dinge zu bieten hat, etwa Antioxidantien,
gesunde Fette und Wirkstoffe, die den Blutzucker stabilisieren.

ERGIBT ETWA 475 ML

230 g Yams (Yamswurzel),
  gut geschrubbt

2 Karotten

1 Tasse Kokoswasser, gekühlt

1 EL Acaipulver

1 EL Mandelmus

Yams und Karotten entsaften. Den Saft in einen Mixer gießen und die restlichen Zutaten ergänzen. Gut mixen, bis alles cremig ist.

....

EXTRA-SCHUB
Geben Sie ½ Teelöffel Weizengraspulver zu. Auf diese Weise „schmuggeln" Sie das Äquivalent von einem Schuss Weizengrassaft ein.

....

PASTINAKE-HANF

Pastinaken geben Säften ein sehr gewagtes Aroma, und auch dieses hochkarätige süße Rezept bildet da keine Ausnahme. Die Cremigkeit der zugemixten Hanfsamen aber trägt dazu bei, den überschwänglichen Geschmack der frischen Pastinaken im Rahmen zu halten. Ein paar gut platzierte Gewürze gleichen ihn dann vollends aus. Dies ist ein toller Saft für alle Freunde großer Aromen.

ERGIBT ETWA 475 ML

4 mittelgroße Pastinaken

2 große, süße Äpfel ohne Kerngehäuse

2,5 cm frische Ingwerwurzel

¼ Tasse Hanfsamen

1 TL Weizengraspulver

⅛ TL Vanilleextrakt

⅛ TL Zimt

Pastinaken, Äpfel und Ingwer entsaften. Den frischen Saft in einen Mixer gießen und Hanfsamen, Weizengraspulver, Vanilleextrakt und Zimt zufügen. Mixen, bis der Saft glatt und cremig ist.

EXTRA-SCHUB
Geben Sie flüssigen Chlorella-Extrakt (etwa 25 Tropfen) dazu, um den grünen Farbanteil zu erhöhen und die basische Wirkung zu verstärken.

KÜRBIS-PROTEIN

*Es ist ein enges Rennen, aber ich glaube, ich würde Kabocha-Kürbis als meine allerliebste
Kürbissorte bezeichnen. Diese auch „grüner Hokkaido" genannte Sorte gehört zu den süßesten
und aromatischsten unter den Kürbissen und stellt einen „normalen" Kürbis in den Schatten.
Entsaftet wie hier bietet er einen großartigen Kürbisgeschmack und noch einen zusätzlichen
Bonus: Sie können die nährstoffreiche grüne Schale zusammen mit dem süßen orangefarbenen
Fleisch entsaften. Der Geschmack dieser Mischung lässt sich besonders gut mit einem Hauch
Stevia verstärken, damit die fast kuchenartigen Aromen zum Ausdruck kommen.*

ERGIBT ETWA 540 ML

450 g Kabocha-Kürbis,
   Kerne entfernt

1 Karotte

2,5 cm frische Ingwerwurzel

1 Tasse Kokoswasser

1 EL Mandelmus

2 EL Hanf-Proteinpulver

¾ TL Kürbiskuchengewürz

¼ TL Vanilleextrakt

Süßungsmittel nach Belieben
   (optional)

Kürbis, Karotte und Ingwer entsaften. Den frischen Saft in einen
Mixer gießen, die restlichen Zutaten dazugeben und alles gut
mixen. Ein ganz homogenes Getränk erhält man, wenn man das
Ganze vor dem Servieren noch einmal durchsiebt. Einen Hauch
Süßungsmittel wie Stevia zugeben, wenn gewünscht.

VARIATION

Sie können Hanfproteinpulver und Vanilleextrakt durch ein
anderes Proteinpulver mit Vanillegeschmack ersetzen.

KAROTTE-MACA

Ich finde, dieser Saft schmeckt ein bisschen wie gegrillte Marshmallows.

ERGIBT ETWA 475 ML

16 Karotten

1 EL Macapulver

2 EL rohe Cashewkerne

Karotten entsaften. Den frischen Saft in einen Mixer gießen, das Macapulver und die Cashewkerne dazugeben. Mixen, bis eine glatte Masse entstanden ist. Für eine seidigere Textur durch ein feines Sieb drücken.

VARIATION
Mischen Sie das Ganze mit einer großzügigen Menge Eiswürfel und einem Hauch Stevia, das ergibt einen köstlichen Slush mit wenig Kalorien.

MACA-YAMS

Wenn Sie den Geschmack von Maca mögen, werden Sie diesen cremigen Drink lieben,
bei dem die leicht buttrigen Untertöne groß herauskommen.

ERGIBT ETWA 475 ML

900 g Yams, gut geschrubbt

3 EL ungesüßte Kokosraspel

2 TL Macapulver

knapp ¼ TL Zimt

2 – 3 Prisen Muskatnuss, gemahlen

Yams entsaften. Den frischen Saft in einen Mixer gießen und die verbliebenen Zutaten dazugeben. Mixen, bis eine homogene Masse entstanden ist. Durch ein feines Sieb drücken, wenn ein ganz glatter Drink gewünscht wird.

WISSEN ZUM WOHLFÜHLEN
Maca sorgt auf natürliche Weise für einen Hormonausgleich bei Männern und auch Frauen. Studien haben gezeigt, dass es die Libido deutlich steigern kann.

KAROTTE-DILL

Angesichts der Fülle von selbst angebauten Kräutern, die in jedem Frühjahr pflichtschuldig wieder ausschlagen, bleibt mir nichts übrig, als ständig neue Wege zu finden, sie alle zu nutzen (mein Lieblingsproblem). Diese cremige Mischung ist zugleich herzhaft und süß – mit einer einzigartig charakteristischen Note von frischem Dill.

ERGIBT ETWA 475 ML

5 Karotten

1 Gurke

2 Selleriestangen

⅓ Tasse frischen Dill

4 Blätter Mangold

2 EL Hanfsamen

Karotten, Gurke und Sellerie entsaften. Den Dill ganz fest in die Mangoldblätter einwickeln und ebenfalls entsaften. Den frischen Saft in einen Mixer gießen und die Hanfsamen dazugeben. Mixen, bis die Masse glatt und homogen ist. Abseihen, wenn gewünscht.

EXTRA-SCHUB
Geben Sie zusätzlich 1 Teelöffel Weizengraspulver in den Mixer – das erweitert das Spektrum der Vitamine und Mineralien in dieser Mischung.

SÜSSKARTOFFEL-PROTEIN

Süßkartoffelsaft, so sanft wie leichte Sahne, ist eher eine Milch als ein Gemüsesaft. Kombinieren Sie ihn mit Ihrem bevorzugten Proteinpulver – das pflanzlicher Herkunft sein und nach Vanille schmecken sollte. So kreieren Sie einen schnellen Shake, der so köstlich und kraftspendend ist, dass er sich sehr wohl zu einem neuen kleinen Suchtfaktor für Sie entwickeln könnte.

ERGIBT ETWA 475 ML

900 g Süßkartoffeln, gut geschrubbt

1 Portion Vanille-Proteinpulver

1 TL Weizengraspulver

⅛ TL Muskatnuss, gemahlen

Süßkartoffeln entsaften. Den frischen Saft in einem Shaker oder Mixer mit Proteinpulver, Weizengraspulver und Muskat mischen. Gut mixen, bis der Drink eine cremige Konsistenz hat.

WISSEN ZUM WOHLFÜHLEN

Wenn Proteinpulver aus Pflanzen hergestellt werden, verfügen sie über großartige Vorzüge. Diese Eiweiße sind leicht verdaulich, führen im Allgemeinen nicht zu Allergien (außer eventuell Soja), sorgen für eine bessere pH-Balance und beschleunigen aufgrund ihrer entzündungshemmenden Eigenschaften Erholung und Reparatur der Zellen. Halten Sie Ausschau nach fertigen Mischungen, die Superfoods wie Hanf, Chia, Spirulina/Chlorella oder auch pulverisiertes Blattgemüse enthalten.

LUCUMA-KAROTTE

Sorry, einfacher Karottensaft, gegen diese süße, cremige Superfood-Mischung hast du keine Chance. Der Geschmack der frischen Lucumafrucht wird oft mit der einer sehr süßen Süßkartoffel verglichen, was erklärt, warum sie einen einfachen Karottensaft direkt aus dem Entsafter deutlich verbessern kann. Weil diese Frucht bei uns nur selten frisch zu bekommen ist, verwende ich das leichter erhältliche Lucumapulver, um diesen Drink so besonders zu machen.

ERGIBT ETWA 475 ML

10 Karotten

1 EL Lucumapulver

1 EL Hanfsamen

Karotten entsaften. Den frischen Saft in einen Mixer gießen, Lucumapulver und Hanfsamen dazugeben. Gut mixen und durch ein feines Sieb abseihen, wenn gewünscht.

SUPERFOOD-TIPP

Zugegeben, Lucumapulver ist eine exotische Zutat, die in diesem Buch selten verwendet wird … zugleich aber auch eine wunderbare, deren Anschaffung man schon wegen ihrer einzigartigen Süße, ähnlich wie Ahornsirup, bedenken sollte. Lucuma gilt als „kluges Süßungsmittel". Es verbessert den Geschmack fast ohne Zucker und passt zu praktisch allen Säften aus Wurzelgemüse bis zu Fruchtsäften (besonders auf Basis von Äpfeln, Birnen, tropischen Früchten). Mit Lucuma zu experimentieren macht Spaß. Sie können es auch in vielen anderen Rezepten verwenden – von Desserts über Suppen bis zu Smoothies. Das erklärt, warum es in meinen anderen Büchern – *Superfood Küche* und *Das Buch der Superfood Smoothies* – so eine wichtige Rolle spielt.

KAROTTE-CAYENNE

*Leicht süß und pikant-würzig, dies ist ein wichtiges Saftrezept
für alle, die ein wenig pfeffrige Schärfe mögen.*

ERGIBT ETWA 475 ML

5 Karotten

1 Selleriestange

1 großer, süßer Apfel ohne
Kerngehäuse

3 große Blätter Römersalat

⅛ TL Cayennepfeffer

Karotten, Sellerie, Apfel und Salat entsaften, dann den Cayennepfeffer
einrühren.

EXTRA-SCHUB
Geben Sie ½ Teelöffel Weizengraspulver dazu.

RUSSISCHER SANDDORN

Ehre, wem Ehre gebührt: Dieser Drink ist in der Tat die milch- und zuckerfreie Version eines sehr traditionellen russischen Getränks, das mit Sanddornbeeren gemacht wird. Allein schon wegen seiner Cremigkeit und seines Geschmacks ist leicht nachzuvollziehen, warum dieser Drink so ein Klassiker ist. Ein kleiner Hauch von Stevia bringt ihn zur Perfektion.

ERGIBT ETWA 475 ML

4 Karotten

2 EL Sanddornsaft

1 Tasse Kokoswasser

¼ Tasse rohe Cashewkerne

Süßungsmittel nach Belieben

Die Karotten entsaften. Den frischen Saft in einen Mixer gießen. Sanddornsaft, Kokoswasser und Cashewkerne dazugeben. Mixen, bis der Saft glatt und cremig ist, und abseihen, wenn gewünscht.

EXTRA-SCHUB
Geben Sie 1 Esslöffel Mangostanesaft zu, das bringt ein noch breiteres Spektrum an pflanzlichen Nährstoffen.

CASHEW-WURZELGEMÜSE

Wenn Sie ein wenig Avocado untermischen, könnte dieser Drink als leichte Rohkostsuppe durchgehen. Ich mag, wie sättigend er wirkt, obwohl die Zutaten so leicht sind.

ERGIBT ETWA 475 ML

2 Karotten

2 mittelgroße Rote Bete, geschrubbt und von Blattansätzen befreit

5 Selleriestangen

¼ Tasse rohe Cashewkerne

¼ TL Spirulina-Pulver (oder mehr, nach Belieben)

Karotten, Rote Bete und Sellerie entsaften. Den frischen Saft in einen Mixer gießen; Cashewkerne und Spirulina-Pulver dazugeben. Gut mixen und dann durch ein feines Sieb streichen, um eine möglichst glatte Konsistenz zu erhalten.

EXTRA-SCHUB
Geben Sie ½ Teelöffel Macapulver dazu – das bringt einen kraftvoll (und köstlich) verjüngenden Kick.

WÜRZIGER DAIKON

Wie der Name des Safts schon vermuten lässt, hat dieses Rezept dank des Daikon-Rettichs einiges an Schärfe zu bieten. Beginnen Sie mit der kleineren Menge Daikon und fügen Sie mehr zu, wenn Sie es für angebracht halten.

ERGIBT ETWA 540 ML

6 Karotten

¼–½ Daikon-Rettich

1 Gurke

1 Selleriestange

1 große Handvoll frische Petersilie

¼ TL Camupulver

Karotten, Rettich, Gurke, Sellerie und Petersilie entsaften. Den frischen Saft in einen Shaker oder Mixer gießen. Das Camupulver dazugeben und alles gut mixen.

EXTRA-SCHUB
Den frischen Saft in einen Mixer gießen und 2 Esslöffel getrocknete Gojibeeren dazugeben. Gut mixen. Abseihen, wenn eine glattere Textur gewünscht wird.

SPEKTRUM-SAFT

Dieser Saft hat alles, was die Erde bietet: Wurzeln, Früchte, Blattgemüse – und Grünes aus dem Wasser. Gönnen Sie sich einen Moment, sich in die Schönheit dieser leicht süßen Zutaten zu versenken, bevor Sie sie entsaften. Ein tolles Gefühl, diese verschwenderische Schönheit zu betrachten, die Sie sich gleich „einverleiben" werden, oder?

ERGIBT ETWA 475 ML

5 Karotten

1 mittelgroße Rote Bete, geschrubbt und von Blattansätzen befreit

1 großer, süßer Apfel ohne Kerngehäuse

5 große Grünkohlblätter

1 Limette, ausgepresst

¼ TL Spirulina-Pulver

Karotten, Rote Bete, Apfel und Grünkohl entsaften. Den Saft in einen Shaker oder Mixer gießen. Limettensaft und Spirulina dazugeben. Mixen, bis alle Zutaten vollständig eingearbeitet sind.

EXTRA-SCHUB
Geben Sie mehr Spirulina dazu – jeweils ¼ Teelöffel auf einmal (dann abschmecken).
Damit erhöhen Sie die Menge an Mineralien in diesem Saft.

FENCHEL-ARONIA

Dieser kraftvolle Saft, süß und herzhaft zugleich, strotzt geradezu vor Antioxidantien. Den Aroniasaft können Sie allerdings durch andere violette Superfood-Beeren in Pulverform ersetzen, etwa durch Maqui oder Acai.

ERGIBT ETWA 475 ML

1 ½ reife Birnen ohne Kerngehäuse

1 Fenchelknolle, grüne Wedel entfernt

2 Selleriestangen

½ EL Aroniasaft

¼ TL Vanilleextrakt

Birnen, Fenchel und Sellerie entsaften. Aroniasaft und Vanille-extrakt einrühren.

EXTRA-SCHUB
Geben Sie ¼ Teelöffel Camupulver zu, das bringt extra Vitamin C.

TOMATE-SELLERIE

Ich sage es nicht gern, aber diesen berühmt-berüchtigten Tomatensaft aus der Dose zu trinken, gehörte leider mal zu meinen Lieblingsbeschäftigungen (aber hallo, da kriegt man ja eine ganze Tagesration Salz in nur einem Glas). Zum Glück ist diese frische Version zigtausendmal besser, sowohl gesünder als auch vom Geschmack her. Mit ihrem elegant abgerundeten Geschmack ist die Tomate in diesem Rezept nicht dominant, wenn Sie sie aber mehr in den Vordergrund stellen möchten, dann verändern Sie einfach das Verhältnis von Tomaten zu Karotten.

ERGIBT ETWA 540 ML

4 Tomaten (Roma oder andere Sorte)

3 Karotten

8 Selleriestangen

2 EL Hanfsamen

2 EL Gojibeeren

1 Prise Cayennepfeffer (optional)

1 Prise Meersalz (optional)

Tomaten, Karotten und Sellerie entsaften. Den frischen Saft in einen Mixer gießen. Hanfsamen, Gojibeeren, Cayennepfeffer und Meersalz dazugeben. Mixen, bis die Masse glatt und cremig ist.

WISSEN ZUM WOHLFÜHLEN
Gleich neben Kokoswasser gehört Sellerie zu einer der besten natürlichen Quellen für feuchtigkeitsregulierende Elektrolyte.

ARONIA-ROTE BETE

Wetten, Sie finden keinen Saft mit kräftigerer Farbe!
Ein echter Knaller. Und vergessen Sie nicht: Farbe = Antioxidantien.

ERGIBT ETWA 475 ML

2 Rote Bete, geschrubbt und von
Blattansätzen befreit

1 Gurke

2 Selleriestangen

1 EL Aroniasaft

Rote Bete, Gurke und Sellerie entsaften, dann den Aroniasaft einrühren.

WISSEN ZUM WOHLFÜHLEN
Aroniabeeren enthalten Anthocyane in so hoher Konzentration, dass diese Antioxidantien 1,5% ihres Gesamtgewichts ausmachen – klar, dass man Aroniabeeren da mit der Bewältigung von oxidativem Stress (Alterung) in Verbindung bringt.

SANDDORN-PAPRIKA

Dieser Saft hat fast das Geschmacksprofil einer leichten Suppe.
Der Sanddorn hübscht die Paprika mit einem Hauch von Säure auf.

ERGIBT ETWA 475 ML

2 rote Paprikaschoten, Kerne und
  Stiel entfernt

2 Tomaten (Roma oder andere)

2 Selleriestangen

1 EL Sanddornsaft

1 Prise Cayennepfeffer

Paprika, Tomaten und Sellerie entsaften. Sanddornsaft und Cayennepfeffer einrühren.

EXTRA-SCHUB
Um ein paar grüne Nährstoffe einzuschmuggeln, geben
Sie ½ Teelöffel Spirulina- oder Weizengraspulver zu oder
entsaften eine Handvoll Petersilie mit den anderen Zutaten.

WARME SÄFTE

Besonders in der kälteren Jahreszeit ist ein warmer Saft ein wohltuender und gesunder Verbündeter. Wenn Sie einen Hochleistungsmixer haben, können Sie sich den Topf sparen und den Saft direkt im Mixer erwärmen, indem Sie ihn ein paar Minuten auf höchster Stufe laufen lassen. Außer den Rezepten in diesem Kapitel können auch viele der Gemüse-säfte (ab Seite 148) leicht erwärmt werden — durchaus mit großem Gewinn.

 = SUPERFOOD

 SCHNELLE ERHOLUNG & NEUSTART  REINIGEN & ENTGIFTEN

 SCHLANKHEIT & SPANNKRAFT

 KRAFT & AUSDAUER  SCHÖNHEIT & ANTI-AGING

APFELPUNSCH MIT GEWÜRZEN

Nicht lange nach der Erfindung von frischem Apfelsaft kam die Einführung von heißem Apfelpunsch –
der Inbegriff von Schlechtwetter-Gemütlichkeit in einem Becher.
Dieser fabelhaft komplex-schmeckende Saft wärmt Körper und Geist.

ERGIBT ETWA 700 ML

2 große, süße Äpfel ohne Kerngehäuse

2 sehr reife Birnen ohne Kerngehäuse

1 kleine Fenchelknolle ohne die grünen Wedel

2,5 cm frische Ingwerwurzel

1 TL Vanilleextrakt

½ TL Zimt

2 EL Sanddornsaft

Äpfel, Birnen, Fenchel und Ingwer entsaften. Den frischen Saft in einen Suppentopf gießen. Vanilleextrakt und Zimt einrühren. Saft bei mittlerer Hitze erwärmen, aber nicht kochen lassen. Den Sanddornsaft erst kurz vor dem Servieren einrühren.

VARIATION
Fügen Sie verschiedene Gewürze zu,
um das Geschmacksspektrum zu erweitern,
beispielsweise Nelken, Muskat oder auch schwarzen Pfeffer.

HEISSER SCHOKOVULKAN

*Dies, meine Freunde, ist die reichhaltigste, göttlichste aller heißen Schokoladen.
Ich nenne sie „Vulkan", weil mich ihre tiefrote Farbe (vom Rote-Bete-Saft) an Lava erinnert.
Ihre Geschmackseruption konzentriert sich jedoch auf nichts anderes als cremige
Schokolade („Schokulkan"?). Rote Bete versüßen das Rezept und geben dem rohen
Kakao einen erdigen Beigeschmack. Weil dies eine Art Dessertdrink ist, wird für
das Rezept statt Stevia oder Xylitol ein eher traditionelles flüssiges Süßungsmittel
verwendet. Das ist nötig, um den Kakaogeschmack auszubalancieren.*

ERGIBT ETWA 700 ML

1 Tasse Rote-Bete-Saft
(2 – 3 Rote Bete, geschrubbt
und von Blattansätzen befreit)

½ Tasse rohe Cashewkerne

¼ Tasse Rohkakao-Pulver

2 EL flüssiges Süßungsmittel,
etwa Agavendicksaft

1 ½ Tassen Kokoswasser

Alle Zutaten im Mixer zu einer geschmeidigen Creme verarbeiten.
Das Ganze dann in einen Suppentopf gießen und sanft erhitzen,
bis es heiß und schaumig ist, aber nicht kocht. Warm servieren.

WISSEN ZUM WOHLFÜHLEN

Kakao gehört unter allen bekannten Nahrungsmitteln zu
denen mit den meisten Antioxidantien; es hat den kolossalen
ORAC-Wert von 95 000 pro 100 Gramm. Zum Vergleich:
Dieselbe Menge Äpfel weist einen durchschnittlichen
ORAC-Wert von 5 000 auf. (ORAC: *Oxygen Radical
Absorbance Capacity* – Maßeinheit für Antioxidantien.)

FRISCHE GEMÜSEBRÜHE

Gemüsebrühe wird meistens gemacht, indem man Gemüse auskochen lässt. In einem Prozess stundenlangen Simmerns gibt es seinen Geschmack langsam an das heiße Wasser ab. Frischen Saft zu verwenden ist eine viel schnellere und deutlich geschmacksintensivere Methode, außerdem bleiben viel mehr Mikronährstoffe vom Gemüse erhalten. Diese warme, würzige Brühe aus einem Becher zu schlürfen, ist schon für sich unglaublich wohltuend. Man kann sie selbstverständlich aber auch als würzige Basis in jedem Rezept verwenden, für das ein Fond gebraucht wird.

ERGIBT ETWA 1 L

1 ganzes Bund Staudensellerie

4 Karotten

½ Süßkartoffel

3 große Tomaten (Roma oder andere Sorte)

½ Lauch, nur die weißen Teile (optional)

2 große Handvoll Spinat

1 große Handvoll frische Petersilie

½ Zitrone, ausgepresst

Alle Zutaten außer der Zitrone entsaften. Den frischen Saft in einen Suppentopf gießen und sanft erhitzen. Den Zitronensaft in die warme Suppe einrühren.

EXTRA-SCHUB
Gießen Sie die warme Suppe in einen Mixer und geben Sie ¼ Tasse Hanfsamen dazu; das ergibt eine cremigere Suppe – voller essenzieller Fettsäuren.

WÜRZIGE WURZELN

Das komplexe Maca-Aroma verleiht dieser festlich schmeckenden Mischung eine Aura von Raffinesse. Der Drink hat eine Schaumkappe wie ein feiner Latte macchiato und eine cremige Süße, die es mit den meisten dekadenten Gemütlichkeitsgetränken aufnehmen kann. Ich serviere diese Mischung am liebsten in der Urlaubszeit.

ERGIBT ETWA 475 ML

5 Karotten

1 Pastinake

230 g Süßkartoffeln, gut geschrubbt

1 großer, süßer Apfel ohne Kerngehäuse

1 cm frische Ingwerwurzel

¼ Tasse Hanfsamen

1 TL Macapulver

2 Prisen Zimt

Karotten, Pastinake, Süßkartoffeln, Apfel und Ingwer entsaften. Den frischen Saft in einen Mixer gießen. Hanfsamen, Macapulver und Zimt dazugeben. Mixen, bis die Masse glatt und geschmeidig ist. Das Ganze dann in einen Suppentopf gießen und vorsichtig erwärmen, aber nicht kochen. Warm servieren.

WISSEN ZUM WOHLFÜHLEN
Zimt ist die Rinde eines Baumes, der im tropischen Asien wächst. Zimt hilft den Blutzuckerspiegel ins Gleichgewicht zu bringen und kann neuesten Studien zufolge sogar dazu beitragen, Alzheimer vorzubeugen.

LAVENDELFARBENE ROSE

Als Zehnjährige war ich so besessen von Nancy-Drew-Krimis, dass ich selbst eine Folge verfasste: „Das Rätsel der lavendelfarbenen Rose". Doch aufgepasst: Dieses Rezept, dessen Titel ganz ähnlich klingt, verrät keineswegs den Inhalt (des besten Krimis, der JEMALS geschrieben wurde), auch die wunderschöne Lavendelfarbe dieses Drinks kommt nicht von Lavendelblüten, sondern von den farbkräftigen Antioxidantien im Maquipulver. Das Resultat ist ein süß-cremiger, warmer Drink mit einem leicht floralen (Rosen-) Aroma, der genauso hinreißend aussieht, wie er schmeckt. Case closed, Fall gelöst.

ERGIBT ETWA 475 ML

4 Äpfel ohne Kerngehäuse

1 ½ EL getrocknete Rosenblätter

 1 TL Maquipulver

 2 EL Hanfsamen

Äpfel entsaften. Den frischen Saft in einen Topf gießen und zum Kochen bringen. Von der Kochstelle nehmen und die Rosenblätter 5 Minuten darin ziehen lassen. Das Maquipulver untermischen, abseihen und die Blütenblätter entfernen. Dann den flüssigen Aufguss in einen Mixer gießen, die Hanfsamen dazugeben und mixen, bis die Masse glatt und geschmeidig ist. Warm servieren – und nur, wenn nötig, vorsichtig auf der Herdplatte erneut aufwärmen.

SUPERFOOD-TIPP
Getrocknete Rosenblätter oder Miniaturrosen finden Sie oft in Teeläden. Sollten Sie Zugang zu einem Biogarten haben, in dem auch Rosen wachsen, können Sie auch deren Blüten trocknen und verwenden.

GEFRORENE GENÜSSE

Süße Säfte sind der Einstieg in eine ganze Welt von kreativen und gesunden Dessert-Rezepten. Dort entstehen aus natürlicher Süße Köstlichkeiten mit vollem Geschmack und zugleich wenig Zucker. Zwar kann man jeden Fruchtsaft durch Einfrieren in ein Wassereis verwandeln, aber die Rezepte auf den folgenden Seiten gehen einen Schritt weiter in Richtung Superfood-Alchemie. Sie bringen bekannte Anti-Aging-Nahrungsmittel wie Kakao und Maquibeeren ins Spiel und kaschieren meisterhaft die etwas „schwierigeren" Superfood-Zutaten wie Noni und Spirulina.

 = SUPERFOOD

 SCHNELLE ERHOLUNG & NEUSTART    REINIGEN & ENTGIFTEN

 SCHLANKHEIT & SPANNKRAFT

 KRAFT & AUSDAUER    SCHÖNHEIT & ANTI-AGING

SCHOKO-MINZE-NONI-SOFTEIS

Noni ist vom Geschmack her nicht sehr gefällig. Wird sie unbedacht eingesetzt, drängt sie sich in den Vordergrund und übertönt mit ihrer gewaltigen „Noni-Note" alles andere; sie erinnert an den „Stich" einer überreifen Frucht. Wenn Sie sie in Rezepten verwenden, dann heißt das Zauberwort „verstecken, verstecken, verstecken". In diesem Rezept mischen sich köstliche (aber starke!) Aromen zu einem wunderschönen Softeis, in dem, kaum zu glauben, die Intensität des Noni-Geschmacks recht erfolgreich neutralisiert wird. Den Agavendicksaft werden Sie hier ganz bestimmt nicht weglassen wollen. Er nämlich hält das Noni-Aroma im Hintergrund.

ERGIBT ETWA 750 ML

½ große Avocado, geschält und ohne Stein

⅓ Tasse Agavendicksaft

½ Tasse Rohkakao-Pulver

1 Tasse Kokoswasser

2 EL Nonisaft

1 EL Vanilleextrakt

¼ TL Pfefferminzextrakt

¼ TL Guarkernmehl (optional)

Alle Zutaten mixen, bis die Masse sehr glatt und geschmeidig ist. Die Mixtur in einen flachen, verschließbaren Behälter gießen und 4 bis 5 Stunden ins Gefrierfach stellen, bis sie komplett gefroren ist. (Alternativ können Sie entsprechend der Angaben des Herstellers auch eine Eismaschine einsetzen. Damit erhalten Sie ein luftigeres Eis.) Vor dem Servieren ein paar Minuten bei Zimmertemperatur etwas bis zur Cremigkeit antauen lassen.

WAS IST GUARKERNMEHL?

Guarkernmehl, ein weißes Pulver aus Samen der indischen Guarbohne dient als Verdickungsmittel. Es ist eine gängige natürliche Zutat in Eiscremes und gefrorenen Desserts, weil es die Bildung von Eiskristallen vermindert und für geschmeidigere und cremigere Süßspeisen sorgt. In kleinen Mengen beeinflusst Guarkernmehl den Geschmack nicht, kann aber die Textur stark verbessern. Erhältlich in Bioläden und im Gewürzregal bei glutenfreien Backzutaten. In Deutschland erhält man auch Lupinenmehl, das in gleicher Weise verwendet werden kann. (Anm.d.V.)

WISSEN ZUM WOHLFÜHLEN

Noni ist voller Antioxidantien und trumpft mit immunstärkenden und tumorbekämpfenden Eigenschaften auf.

KAROTTE-INGWER-EIS

Bevor Sie diese Kombination als scheinbar unmöglich abtun, probieren Sie sie einfach.
Ich verspreche Ihnen, wenn Sie das erst einmal getan haben, werden Sie meine Begeisterung
für Karotte-Ingwer-Eis teilen und so tun, als hätten Sie nie deswegen die Stirn gerunzelt.

ERGIBT ETWA 750 ML

10 Karotten

2,5 cm frische Ingwerwurzel

½ Tasse rohe Cashewkerne

¼ Tasse Hanfsamen

¼ Tasse Ahornsirup

1 TL Vanilleextrakt

¼ TL Guarkernmehl (optional)

⅓ Tasse kandierter Ingwer, fein gehackt (optional)

Karotten und frischen Ingwer entsaften. Den frischen Saft in einen Mixer gießen und Cashewkerne, Hanfsamen, Ahornsirup, Vanilleextrakt und Guarkernmehl dazugeben. Gut mixen, bis alles glatt und cremig ist. Die Mischung in einen flachen, verschließbaren Behälter gießen und 1 bis 2 Stunden ins Gefrierfach stellen. Dann das halbgefrorene Eis zu einem Slush mixen und dabei die kandierten Ingwerstücke unterheben. Erneut ins Eisfach stellen, diesmal 3 bis 4 Stunden oder bis die Masse ganz durchgefroren ist. (Alternativ können Sie auch eine Eismaschine entsprechend der Angaben des Herstellers einsetzen. Dann bekommen Sie ein luftigeres Eis.) Vor dem Servieren ein paar Minuten bei Zimmertemperatur etwas cremig antauen lassen.

EXTRA-SCHUB
Geben Sie vor dem Einfrieren 1 Teelöffel
Weizengraspulver in die Eiscreme-Mischung.

MASTER-CLEANSE-GRANITA

„Master Cleanse" („Zitronensaftkur") ist eine recht bekannte Detox-Diät. Sie besteht daraus, ein paar Tage hintereinander ein Gebräu aus Wasser, Zitronensaft, Ahornsirup und Cayennepfeffer zu sich zu nehmen – und sonst nicht viel. Erstaunlicherweise ist die Geschmackskombination dieses Drinks recht überzeugend. Diesem Granita-Rezept kann ich zwar nicht jene umwerfenden gesundheitlichen Versprechen mit auf den Weg geben, die dem Master Cleanse meist nachgesagt werden. Aber was ich sagen kann: Das Rezept hat eine Megadosis Vitamin C zu bieten, steckt voller entzündungshemmender Nährstoffe und schmeckt außerdem einzigartig köstlich – kühl und scharf, süß und herb.

ERGIBT ETWA 1 L

4 Äpfel ohne Kerngehäuse

1 cm frische Ingwerwurzel

2 Zitronen, ausgepresst

⅓ Tasse Ahornsirup

1 TL Camupulver

⅛ TL Cayennepfeffer

1 Tasse Kombucha
(nicht aromatisiert)

¼ TL Guarkernmehl (optional)

Äpfel und Ingwer entsaften. Den frischen Saft in einen Mixer gießen und die restlichen Zutaten dazugeben. Gerade lang genug mixen, um die pulverförmigen Zutaten ganz einzuarbeiten. Die Mischung in einen flachen, verschließbaren Behälter gießen und 4 bis 6 Stunden oder länger ins Gefrierfach stellen, bis alles durchgefroren ist. Zum Servieren mit den Spitzen einer Gabel über die Oberfläche kratzen und somit „Schnee" erzeugen; dann in Becher oder Gläser füllen.

WISSEN ZUM WOHLFÜHLEN
Zitronen werden oft bei der Leber- oder Darmreinigung eingesetzt, weil sie Verdauung und Ausscheidung positiv beeinflussen.

KIRSCH-MERLOT-GRANITA

„Lass keinen Wein stehen", ist eine ungeschriebene Regel in meinem Haushalt. Nicht, dass es schwer wäre, sie einzuhalten. Doch in den seltenen Fällen, in denen Wein übrig bleibt, bietet diese Granita eine wunderbare Möglichkeit, ihn zu verbrauchen. Ihre spektakulär dunkelviolette Farbe ist ein deutlicher Indikator für die kraftvollen Anti-Aging-Antioxidantien in den Kirschen und Aroniabeeren und, ja, sogar im Wein.

ERGIBT KNAPP 1 L

2 Tassen tiefgekühlte Kirschen ohne Stein

2 EL Aroniasaft

1 ½Tassen Merlot oder anderer Rotwein

1 Tasse Kombucha (nicht aromatisiert)

½ TL Vanilleextrakt

Süßungsmittel nach Belieben

Kirschen, Aroniasaft, Merlot, Kombucha und Vanilleextrakt in einen Mixer geben und nur ganz kurz bearbeiten, damit sich alles vermischt. Mit Süßungsmittel (wie Stevia-Extrakt oder Agavendicksaft) abschmecken und noch einmal schnell mixen. Die Mixtur sollte fast homogen sein, aber noch ein paar Fruchtstückchen enthalten. Die Mischung in einen flachen, verschließbaren Behälter gießen und ins Gefrierfach stellen, bis alles durchgefroren ist (etwa 4 bis 6 Stunden). Zum Servieren mit den Spitzen einer Gabel über die Oberfläche kratzen und den dunkelvioletten „Schnee" in Servierschalen füllen.

VARIATION
Nehmen Sie statt des Aroniasaftes 1 Esslöffel Acaipulver oder einen 1 Teelöffel Maquipulver.

CANTALOUPE-SANDDORN-GRANITA

Ein wenig Agavendicksaft trägt dazu bei, den Aromen von Melone und Zitrusfrüchten in dieser Granita den Glanz zu verleihen, die sie verdient haben. Stevia kann dieses Werk anschließend vollenden, während es zugleich den Gesamtzuckergehalt niedrig hält. So einfach in der Herstellung und so umwerfend in den Aromen – man denkt, man sei in einem falschen Film, doch weit gefehlt!

ERGIBT ETWA 700 ML

½ Cantaloupe-Melone, geschält und ohne Kerne

2 Limetten, ausgepresst

1 Meyer-Zitrone (Kreuzung zwischen Orange und Zitrone), ausgepresst

3 EL Sanddornsaft

2 EL Agavendicksaft

½ TL weißer oder schwarzer Pfeffer, gemahlen

¼ TL Guarkernmehl (optional)

Süßungsmittel nach Belieben

Fleisch und Saft der Melone mit dem Saft der Limetten und der Zitrone sowie dem Sanddornsaft, dem Agavendicksaft und dem Pfeffer in einen Mixer geben und bearbeiten, bis die Masse glatt und geschmeidig ist. Abschmecken und zusätzlich süßen (mit Stevia oder einem Süßungsmittel Ihrer Wahl), bis das Ganze leicht übersüßt ist (Gefrorenes braucht etwas mehr Süße). Die Mischung in einen flachen, verschließbaren Behälter gießen. 1 bis 2 Stunden ins Gefrierfach stellen, dann wieder herausnehmen, mit einer Gabel durchrühren, das Eis aufbrechen und einen Slush daraus machen. Dann noch einmal 2 bis 3 Stunden ins Gefrierfach stellen, bis alles durchgefroren ist. Zum Servieren mit einer Gabel die Oberfläche abkratzen und den „Schnee" dann in Servierschalen oder Gläser füllen.

WISSEN ZUM WOHLFÜHLEN

Vielfach nennt man Sanddorn das Superfood für die Schönheit. Seine Fülle an Carotinoid-Antioxidantien, Vitamin E, Vitamin C und Omega-Fettsäuren sind tatsächlich ein Dreamteam kraftvoller Nährstoffe für gesunde Haut und schönes Haar.

HIMBEER-GRANITA

In dieser wunderbar leichten Granita betonen Himbeeren das subtile Aroma
der Maquibeeren. Dies könnte ein einzigartiges Frühstück
für einen heißen Tag sein, natürlich auch ein ganz besonderer Nachtisch.

ERGIBT ETWA 1 L

- 1 ½ Tassen Himbeeren (ersatzweise tiefgekühlte Himbeeren)
- 3 Tassen rote, kernlose Trauben (ersatzweise Traubensaft ohne Zuckerzusatz)
- 2 Zitronen, ausgepresst
- 2 TL Maquipulver
- 2 EL flüssiges Süßungsmittel, etwa Agavendicksaft
- ¼ TL Guarkernmehl (optional)

Himbeeren und Trauben entsaften. Den Saft in einen Mixer gießen, Zitronensaft, Maquipulver und das flüssige Süßungsmittel Ihrer Wahl dazugeben. Gut mixen. Das Ganze dann in einen flachen, verschließbaren Behälter gießen und ins Gefrierfach stellen, bis es fest ist (etwa 4 bis 6 Stunden). Zum Servieren mit einer Gabel über die Oberfläche kratzen und den roten „Schnee" in Servierschalen füllen.

WISSEN ZUM WOHLFÜHLEN
Verwenden Sie, wann immer möglich, rote Trauben statt heller. Sie nehmen etwa 12% mehr Antioxidantien zu sich, nur indem Sie die dunkleren Sorten wählen.

MAQUI-BIRNE-KOMBUCHA-SORBET

Dieses sinnliche Sorbet ist köstlich und leicht zugleich. Es bietet eine erfrischende Süße, die nicht träge macht. Statt Agavendicksaft können Sie auch Stevia verwenden, dann wird diese Gaumenfreude noch kalorienärmer. Süßen Sie bis zu einem Punkt, an dem die Sorbet-Masse leicht „übersüßt" ist; das wird sich ausgleichen, wenn erst alles gefroren ist.

ERGIBT ETWA 1 L

4 sehr reife Birnen ohne Kerngehäuse

1 Zitrone, ausgepresst

1 ½ Tassen Kombucha (nicht aromatisiert)

3 EL Agavendicksaft

2 EL Maquipulver

¼ TL Guarkernmehl (optional)

Die Birnen entsaften. Den frischen Birnensaft in einem Krug mit Zitronensaft, Kombucha, Agavendicksaft und Maqui mischen und gut umrühren. Die Mixtur in einen flachen Behälter mit Deckel gießen, dicht verschließen und 1 bis 2 Stunden ins Gefrierfach stellen. Aus dem Gefrierfach nehmen, die Eisbrocken mit Hilfe einer Gabel soweit lockern, bis sie sich zu einem Slush mixen lassen. Dann noch einmal 3 bis 4 Stunden ins Gefrierfach stellen oder eben so lange, bis das Sorbet ganz durchgefroren und fest ist. Wenn Sie eine Eismaschine einsetzen, wird das Ergebnis luftiger.

EXTRA-SCHUB
Geben Sie 2 Esslöffel Mangostanesaft dazu, das bringt ein noch breiteres Spektrum an Antioxidantien.

GRANATAPFEL-ACAI-GRANITA

Nicht nötig, den Entsafter auszupacken. Mit diesem extra-einfachen Rezept sind
Sie fein raus. Frische Granatapfelkerne verleihen diesem umwerfend köstlichen
Eis („wie vom Italiener") einen willkommenen Knusperfaktor.

ERGIBT ETWA 700 ML

- 2 Tassen Granatapfelsaft
- 3 EL Acaipulver
- 2 EL Ahornsirup
- ¼ TL Zimt
- 1 Prise Cayennepfeffer, gemahlen
- ¼ TL Guarkernmehl (optional)
- 1 Tasse Granatapfelkerne

Granatapfelsaft, Acai, Ahornsirup, Zimt, Cayennepfeffer und Guarkernmehl zusammenmixen. Die Mixtur in einen flachen, verschließbaren Behälter gießen. 1 bis 2 Stunden ins Gefrierfach stellen. Dann herausnehmen, die Eisstücke mit Hilfe einer Gabel aufbrechen und einen Slush daraus machen. Noch 2 bis 3 Stunden länger einfrieren oder so lange, bis die Masse durchgefroren ist. Vor dem Servieren die Oberfläche des Eisblocks mit einer Gabel aufkratzen, damit sich ein rubinroter Schnee bildet. Locker mit frischen Granatapfelkernen vermischen und in Servierschalen oder Gläser füllen.

EXTRA-SCHUB
Mixen Sie vor dem Gefrieren 1 Tasse frische oder tiefgekühlte Heidelbeeren ein.

STIELEIS AUS GRÜNEN FRÜCHTEN

Ein Spaß für Kinder (und Erwachsene)! Dieses grüne Eis am Stiel bietet eine super Möglichkeit, die Kraft der grünen Superfoods als eine Nascherei zu genießen.

ERGIBT ETWA 1 L (ETWA 10 PORTIONEN EIS À 90 ML)

- 2 Äpfel ohne Kerngehäuse
- 6 große Grünkohlblätter
- 1 TL Spirulina-Pulver
- 2 sehr reife Bananen
- Süßungsmittel nach Belieben

Äpfel und Grünkohl entsaften. Den Saft in einen Mixer gießen. Spirulina-Pulver und Bananen dazugeben und mixen, bis die Masse glatt und geschmeidig ist. So lange nachsüßen und abschmecken (mit Hilfe von Stevia-Extrakt oder einem anderen Süßungsmittel), bis die Masse etwas „zu süß" ist, weil sie im gefrorenen Zustand wieder an Süße verliert. Die Mixtur in Stieleis-Formen gießen und einfrieren, bis sie fest ist (etwa 4 bis 6 Stunden).

WISSEN ZUM WOHLFÜHLEN
Ein einziger Esslöffel Spirulina-Pulver enthält 15 Milligramm Eisen – etwa fünfmal soviel wie 85 Gramm Rindfleisch.

CHIA FRESCAS

Chiasamen verwandeln sich in etwa 20 Minuten aus kleinen knusprigen Kügelchen in glibberig-glatte Köstlichkeiten, wenn sie mit Saft in Berührung kommen … und bilden so eine „Chia fresca". Als klassische Drinks, ursprünglich aus Mexiko stammend, werden Chia frescas traditionell mit Zitrussaft und einem Süßungsmittel serviert. Im Folgenden spielt diese besondere Eigenschaft von Chia eine tragende Rolle in verschiedenen Superfood-Säften, die eine ganze Palette an Geschmacksrichtungen und Nährstoffen zu bieten haben. Durch die Beigabe von Chiasamen können Sie zwar aus praktisch jedem Saft eine Quasi-Fresca machen, aber die folgenden Rezepte (in denen alles von Superbeeren bis zu gesundem Blattgemüse vorkommt) bringen besonders köstliche Ergebnisse.

 = SUPERFOOD

 SCHNELLE ERHOLUNG & NEUSTART    REINIGEN & ENTGIFTEN

 SCHLANKHEIT & SPANNKRAFT

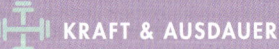 KRAFT & AUSDAUER    SCHÖNHEIT & ANTI-AGING

CRANBERRY-ORANGE-CHIA FRESCA

Mit seinem hohen Gehalt an Anti-Aging-Vitamin C und verjüngenden Omega-Fettsäuren ist diese punschähnliche Fresca ein Traum, wenn man etwas für eine schöne Haut tun will. Ein zuckerfreies Süßungsmittel wie Stevia, das den herben Geschmack des Cranberrysafts ausgleicht, ist ein cleveres Mittel, um die Nährstoffdichte hoch und die Kalorienzahl (den Zuckergehalt) niedrig zu halten.

ERGIBT ETWA 1 L

4 große Orangen

1 cm frische Ingwerwurzel (optional)

1 Tasse reiner Cranberrysaft, ungesüßt

1 EL Sanddornsaft

¼ Tasse Chiasamen

1 – 2 Tassen Kombucha (nicht aromatisiert)

Süßungsmittel nach Belieben

Orangen und Ingwer entsaften. In einem 1-Liter-Einweckglas oder einem anderen großen Deckelgefäß den frischen Saft mit Granatapfelsaft, Sanddornsaft und Chiasamen mischen. Das Gefäß weiter mit Kombucha auffüllen, dann verschließen und gut schütteln. Abschmecken und ein wenig Stevia (oder ein anderes Süßungsmittel) dazumischen, wenn gewünscht. 10 Minuten stehenlassen, damit die Chiasamen quellen können. Kräftig schütteln, um eventuelle Chiaklumpen zu trennen. Noch weitere 10 Minuten stehenlassen. Die Mischung hält sich im Kühlschrank mehrere Tage.

WISSEN ZUM WOHLFÜHLEN
Chiasamen enthalten achtmal mehr Omega-3-Fettsäuren als Lachs.

ISOTONISCHE CHIA-LIMONADE

Diese „Limonade" ist ein Grundnahrungsmittel. Ich stelle sie in großen Mengen her und bewahre sie im Kühlschrank auf. Dann ist sie trinkfertig, wann immer der Durst sich meldet. Außerdem machen Elektrolyte und entzündungshemmende Nährstoffe (Omega-3-Fettsäuren und Vitamin C) sie zum absolut perfekten Drink vor und nach dem Sport.

ERGIBT ETWA 475 ML

1 Tasse Kokoswasser

1 Tasse gefiltertes Wasser

2 EL Chiasamen

1 EL frisch gepresster Zitronensaft

½ Zitrone, in dünne Scheiben geschnitten

Süßungsmittel nach Belieben

Kokoswasser, Wasser, Chiasamen und Zitronensaft in einen Shaker oder ein Deckelgefäß geben und gut verrühren oder schütteln, um Klumpen zu vermeiden. Die Zitronenscheiben dazugeben und alles noch einmal schütteln. Die Mischung 15 bis 20 Minuten stehenlassen, bis die Chiasamen aufgequollen sind. Dann noch einmal schütteln und nach Belieben mit Stevia oder dem gewünschten Süßungsmittel süßen. Am besten kalt und auf Eis servieren.

EXTRA-SCHUB
Einen Löffel Acaipulver zugeben.

GRANATAPFEL-CHIA FRESCA

Obwohl man Superfood-Säfte kaum einfacher zubereiten kann, ist dies ein Rezept, das ein unglaubliches Teamwork möglich macht. Der hohe Vitamin-C-Gehalt des Granatapfelsafts trägt dazu bei, dass der eindrucksvoll hohe Eisengehalt der Chiasamen vom Körper besser verwertet werden kann. Die Ballaststoffe und Omega-Fettsäuren in den Chiasamen sorgen zudem dafür, die Freisetzung der natürlichen Zucker aus dem Saft in den Blutkreislauf zu verlangsamen, um mehr nachhaltige Energie bereitzustellen. Was für eine schöne Paarung!

ERGIBT ETWA 475 ML

- 1 ¾ Tassen Granatapfelsaft
- ¼ Tasse Chiasamen

Granatapfelsaft und Chiasamen in einem Shaker oder einem Behälter mit Deckel mischen. Die Mixtur dann gut rühren oder schütteln, um die Samen voneinander zu trennen und ein Verklumpen zu verhindern. Das Getränk 15 bis 20 Minuten stehenlassen. Dann noch einmal schütteln und kalt auf Eis servieren.

VARIATION
Andere Säfte mit viel Vitamin C, etwa Cranberry-, Orangen- oder Grapefruitsaft, können den Granatapfelsaft gut ersetzen.

APFEL-GRÜNKOHL-CHIA FRESCA

Meine Freundin konnte sich ein freches „das glaub' ich jetzt nicht!" nicht verkneifen, als ich ihr voller Begeisterung dieses grüne Rezept mitteilte; schließlich sind wir beide der Ansicht, dass Grünkohl und Chia zwei der besten Dinge überhaupt sind. Ich ermutige Sie, diesen kraftvollen Drink zu probieren, wenn Sie eine köstliche Dosis „oh ja, und ob" erleben möchten. Dieser Drink wird am besten leicht gesüßt und auf Eis serviert.

ERGIBT ETWA 1 L

2 Tassen gefiltertes Wasser

3 EL Chiasamen

2 große, grüne Äpfel ohne Kerngehäuse

1 cm frische Ingwerwurzel

4 Grünkohlblätter

1 Zitrone, ausgepresst

Süßungsmittel nach Belieben

Wasser und Chiasamen in einem Shaker mischen und gut schütteln. Die Mischung 10 Minuten in den Kühlschrank stellen, damit die Chiasamen quellen können. Dann wieder heftig schütteln, damit die Samen nicht verklumpen, und mindestens 10 weitere Minuten in den Kühlschrank stellen, sodass sich ein Gel bilden kann. Äpfel, Ingwer und Grünkohlblätter entsaften, den Zitronensaft untermischen. Die gelierte Chia-Masse noch einmal schütteln und dann mit dem frischen Saft vermischen. Abschmecken. Wenn gewünscht, ein wenig Stevia (oder ein anderes Süßungsmittel) dazugeben und ein letztes Mal schütteln, um die vollgesogenen Chiasamen vollständig in den Saft einzuarbeiten. Auf Eis servieren. Das Getränk hält sich gekühlt mehrere Tage.

WISSEN ZUM WOHLFÜHLEN

Grünkohl ist eine besonders gute Quelle für Vitamin K, das für die Gesundheit der Knochen, zur Krebsprävention und für viele Körperfunktionen wichtig ist.

ACAI-CHIA FRESCA

Dies ist ein sättigender Acai- und Chia-Drink, eine unglaubliche Quelle lang vorhaltender Energie. Aufgrund seiner natürlichen Süße ist er ein großartiger Drink für Kinder, die das einzigartige Gefühl der glibberigen Chiasamen im Mund oft genauso gern mögen wie Erwachsene!

ERGIBT ETWA 1 L

- 3 Tassen Erdbeeren, evtl. tiefgekühlt

  4 Tassen rote Trauben, kernlos

  1 Zitrone, ausgepresst
- 1 ½ EL Acaipulver
- 3 EL Chiasamen

Erdbeeren und Trauben entsaften. Den Saft in ein 1-Liter-Einweckglas oder einen anderen großen Behälter mit Deckel gießen. Zitronensaft, Acaipulver und Chiasamen dazugeben. Den Behälter verschließen und gut schütteln. 10 Minuten stehenlassen, damit die Chiasamen sich vollsaugen können. Dann gut schütteln, um eventuelle Chiaklumpen aufzulösen. Weitere 10 Minuten stehenlassen. Das Getränk hält sich im Kühlschrank einige Tage.

EXTRA-SCHUB
Entsaften Sie zusammen mit den frischen Früchten eine Handvoll Spinat.

HONIGMELONE-MINZE-CHIA FRESCA

Von frischen Melonendrinks fühle ich mich stets unwiderstehlich angezogen. Für mich ist ihr kühlender Geschmack in der Kategorie Erfrischungsgetränke unübertroffen. Und das bedeutet, dass sie eine ideale Basis für Chia frescas sind.

ERGIBT ETWA 1 L

1 Honigmelone ohne Kerne und Schale

2 Gurken

2 Handvoll frische Minze

½ TL Weizengraspulver

2 EL Chiasamen

Süßungsmittel nach Belieben

Melone, Gurken und Minze entsaften. Den frischen Saft in ein 1-Liter-Einweckglas oder einen anderen großen Behälter mit Deckel gießen. Weizengraspulver und Chiasamen dazugeben und gut schütteln. Abschmecken und, wenn gewünscht, ein wenig Stevia (oder anderes Süßungsmittel) zufügen. 10 Minuten stehenlassen, damit die Chiasamen aufquellen können. Dann ordentlich schütteln, um eventuelle Chiaklumpen aufzulösen. Noch einmal 10 Minuten stehenlassen. Die Mischung hält sich im Kühlschrank einige Tage.

EXTRA-SCHUB

Flüssiges Chlorophyll gibt einer Chia fresca wie dieser nicht nur eine wunderschöne Smaragdfarbe, sondern ist auch hochgradig basisch und kann helfen, rote Blutkörperchen zu reparieren und zu vermehren. Wenn Sie Minz-Chlorophylltropfen finden können (bei denen das Konzentrat teilweise aus frischer Minze gewonnen wird), sind sie eine großartige Ergänzung zu diesem Saft.

GESPRITZTE & AUFGÜSSE

Das Schöne an Gespritzten und Aufgüssen ist, dass es sich dabei (verglichen mit reinen Säften) um kalorien- und zuckerarme Getränke handelt. Superfood-Gespritzte werden gemacht, indem man Kombucha mit frischem Saft mischt (Kombucha kann auch durch Mineralwasser oder ein anderes sprudelndes Getränk ersetzt werden). Aufgüsse kreiert man, indem man ganze Zutaten einweicht, um ihr Aroma zu extrahieren (wie man es mit Tee macht). Welche Methode Sie auch wählen, mit beiden können Sie aufregende neue Geschmacksrichtungen und Aromen erzielen, und praktisch alles, vom Grünkohl bis zu Gojibeeren, kann dafür verwendet werden. Nutzen Sie die Rezepte in diesem Kapitel als Anregung, um eigene Kreationen ganz nach Ihren Wünschen anzufertigen.

 = SUPERFOOD

 SCHNELLE ERHOLUNG & NEUSTART    REINIGEN & ENTGIFTEN

SCHLANKHEIT & SPANNKRAFT

 KRAFT & AUSDAUER    SCHÖNHEIT & ANTI-AGING

MANDARINE-INGWER-KOMBUCHA-SPRIZZ

Als wäre eine gewöhnliche Orange noch nicht Fruchtjuwel genug, bringen Mandarinen die Idee einer süßen Zitrusfrucht auf geradezu bonbonartige Höhen. Wenn man diese kleinen Schönheiten entsaftet, entsteht ein unwiderstehlicher Nektar, der hier noch angereichert ist mit extra Vitamin C aus Camubeeren und wärmendem Ingwer.

ERGIBT ETWA 1 L

2 große, süße Äpfel ohne Kerngehäuse

10 Mandarinen, geschält

2,5 cm frische Ingwerwurzel

1 TL Camupulver

2 Tassen Kombucha (ohne Zusatz oder mit Ingwer)

....

EXTRA-SCHUB
Mischen Sie 2 Esslöffel getrocknete Gojibeeren in den Saft.

....

Äpfel, Mandarinen und Ingwer entsaften. Den frischen Saft in einen Shaker oder Mixer gießen. Das Camupulver dazugeben und gut schütteln oder mixen. Gläser halb mit Saft füllen und Kombucha dazugeben.

DIE NEUE BIOPOP-KULTUR: KOMBUCHA

Sicher, Kombucha sieht ein wenig seltsam aus, doch das hat nicht verhindert, dass dieses prickelnde Elixier zu einem der führenden Getränke im Gesundheitsbereich wurde. Lassen Sie sich von seiner sodaähnlichen Spritzigkeit nicht tauschen. Kombucha ist eine besondere Art von fermentiertem Tee, der frisch schmeckt, die Energie anschiebt und entgiftend wirkt. Kombucha enthält viele lebenswichtige Enzyme und Vitamine – und eine der gesündesten Möglichkeiten, ein sprudelndes Getränk zu genießen. Das macht es zu einem erfrischenden Begleiter für frische Superfood-Säfte. Sie finden Kombucha in vielen Geschäften, und mit etwas Geduld kann es auch zu Hause für ein paar Cent zubereitet werden.

MAQUI-GRAPEFRUIT-KOMBUCHA-SPRIZZ

Diese Köstlichkeit hat etwas von einem Mimosa Cocktail: Power, Farbe und einen leichten Kick. Das ist Kombucha für Fortgeschrittene!

ERGIBT ETWA 540 ML

1 große Grapefruit, geschält

2,5 cm frische Ingwerwurzel

1 TL Maquipulver

1 Tasse Kombucha (nicht aromatisiert)

Grapefruit und Ingwer entsaften. Das Maquipulver gut untermischen. Dann Kombucha dazugeben.

WISSEN ZUM WOHLFÜHLEN
Maqui enthält mehr Anthocyan-Antioxidantien, bekannt für ihre positiven Anti-Aging-Effekte, als jede andere bis jetzt entdeckte Frucht.

ANANAS-KORIANDER-KOMBUCHA-SPRIZZ

Säfte auf Ananas-Basis haben eine sympathische Säure, die den klaren Geschmack von Koriander besonders frisch erscheinen lässt. Dieser Sprizz enthält nicht viel Kombucha; wer's sprudeliger mag, nimmt eben mehr davon.

ERGIBT ETWA 1 L

1 Ananas, Schopf und Schale entfernt

1 Gurke

1 grüner Apfel ohne Kerngehäuse

1 große Handvoll Spinat

1 kleine Handvoll Koriander

1 Tasse Kombucha (ohne Zusatz oder mit Ingwer)

½ Limette, ausgepresst

Süßungsmittel nach Belieben

Alle Produkte entsaften. Den Saft in einen Krug gießen. Dann Kombucha und Limettensaft einrühren. Mit Stevia (oder einem gewünschten Süßungsmittel) ergänzen, um den Geschmack zu opitimieren. Wenn Sie mögen, mehr Kombucha zufügen.

EXTRA-SCHUB

Geben Sie 2 Esslöffel Mangostanesaft in die frische Fruchtsaftmischung.

GRÜNTEE-GOJI-AUFGUSS

Okay, erwischt. In einem meiner anderen Bücher „Das Buch der Superfood Smoothies" habe ich ein Rezept mit exakt derselben Geschmackskombination veröffentlicht. In dieser Version aber kommt die traditionelle chinesische Methode zu Ehren, Gojibeeren in Tee einzuweichen. Ein wenig (nicht traditioneller) Gurkensaft verstärkt die reinigenden Eigenschaften dieses besonderen Drinks. Bonus: Am Boden des Glases warten als köstliche Leckerbissen die eingeweichten Gojibeeren auf Sie.

ERGIBT ETWA 1 L

2 Tassen aufgebrühter grüner Tee

⅓ Tasse Gojibeeren

2 Gurken

2,5 cm frische Ingwerwurzel

Süßungsmittel nach Belieben

Minzeblätter zum Garnieren

Den grünen Tee und die Gojibeeren in einer Kanne mischen. 20 bis 30 Minuten stehenlassen – oder so lange, bis die Gojibeeren Flüssigkeit gezogen haben und dick werden. Gurken und Ingwer entsaften. Dann den frischen Saft in den Gojibeeren-Aufguss einrühren. Wenn nötig, mit Stevia (oder einem anderen gewünschten Süßungsmittel) süßen. Eine Handvoll frische Minzeblätter dazugeben und eisgekühlt servieren.

WISSEN ZUM WOHLFÜHLEN

Weil er die Thermogenese (ein wichtiger Teil des Stoffwechsels) erhöht, ist grüner Tee ein exzellentes Mittel zur Gewichtsabnahme. Er fördert die Fettverbrennung, reguliert den Blutzuckerspiegel und steigert die Energie.

HEIDELBEER-PFIRSICH-AGUA FRESCA

Das dynamische Duo aus Heidelbeeren und Pfirsichen ist normalerweise für die Sommermonate reserviert, aber wenn Sie tiefgekühlte Früchte verwenden, können Sie es in einer Agua fresca wie dieser das ganze Jahr über genießen.

ERGIBT ETWA 2 L

- 1 Tasse tiefgekühlte Heidelbeeren

- 2 Tassen tiefgekühlte Pfirsich-
  spalten

- 1 Zimtstange

- 2 l gefiltertes Wasser

- Süßungsmittel nach Belieben
  (optional)

Früchte und die Zimtstange in einen großen Krug geben. Wasser darüber gießen und mindestens 2 Stunden in den Kühlschrank stellen. Mit Stevia (oder einem anderen Süßungsmittel) nachsüßen, wenn gewünscht. Am besten abgesiebt und auf Eis servieren. Diese Fresca hält sich im Kühlschrank einige Tage.

VARIATION

Fügen Sie statt der Zimtstange ein paar Jasminteebeutel ins Wasser, und lassen Sie sie mehrere Stunden langsam ziehen.

ERDBEER-LIMETTE-AGUA FRESCA

Agua fresca heißt übersetzt „frisches Wasser". Dieses Getränk ist sehr leicht im Geschmack und besteht aus gefiltertem Wasser, mit dem Obststückchen, Kräuter und auch Blüten aufgegossen werden, die ihm dann ihr Aroma abgeben. Für diese Rezepte brauchen Sie keinen Entsafter, denn der Prozess der Osmose setzt den Saft auf ganz natürliche Weise aus den Früchten frei. Ich nehme gern tiefgekühltes Obst für meine Agua frescas, um ihren Geschmack noch zu intensivieren.

ERGIBT ETWA 2 L

2 Tassen tiefgekühlte Erdbeeren

2 Limetten, in dünne Scheiben geschnitten

2 l gefiltertes Wasser

Süßungsmittel nach Belieben (optional)

Die Früchte in einen großen Krug geben. Wasser darüber gießen und mindestens 2 Stunden in den Kühlschrank stellen. Mit Stevia (oder einem anderen Süßungsmittel) nachsüßen, wenn gewünscht. Am besten abgesiebt auf Eis servieren. Diese Fresca hält sich im Kühlschrank einige Tage.

VARIATION
Ersetzen Sie ⅓ des Wassers durch frischen Gurkensaft.

SUPERFOOD-COCKTAILS

Aus vielen Superfood-Saftrezepten in diesem Buch lassen sich mit Leichtig-keit unglaubliche Cocktails kreieren, indem man einfach Wein, Bier oder Spirituosen zufügt. Wenn Sie gern Alkohol mögen, warum machen Sie dann nicht das Beste aus Ihrem Drink und statten ihn gleich noch mit ein paar Nährstoffen aus? Fast jeder Cocktail bietet Gelegenheit, Superfoods zu sich zu nehmen – das sehen Sie an diesen köstlichen Cocktail-Rezepten, die Superfoods wie Mangostane, Erdbeeren und auch entgiftendes Wei-zengras in Szene setzen. Natürlich können Sie aus allen Cocktails ganz leicht auch alkoholfreie Varianten machen. Verwenden Sie dann statt Alkohol einfach Kombucha.

 = SUPERFOOD

 SCHNELLE ERHOLUNG & NEUSTART   REINIGEN & ENTGIFTEN

 SCHLANKHEIT & SPANNKRAFT

 KRAFT & AUSDAUER    SCHÖNHEIT & ANTI-AGING

ERDBEER-WEIN-SPRIZZ

Oh, ich liebe ein gutes Glas Wein, und ich finde, man sollte es mit einem Lächeln und ganz ohne Vorbehalte genießen. Wenn es sich allerdings um einen Billigwein handelt, mische ich ihn gern mit Kombucha zu einer Art Schorle. Das Moussieren lässt das Ganze wie einen Sprizz wirken, und weil Kombucha beim Entgiften der Leber hilft (einer seiner vielen Vorzüge), sorgt es zu einem gewissen Teil für ein Gegengewicht zu den nicht ganz so idealen Auswirkungen von Wein auf den Körper. Durch die Zugabe eines tollen Supersafts verwandelt sich diese Mischung in einen absolut feiertagstauglichen Cocktail … egal, ob es den Wein dafür nun im Angebot gab oder nicht.

ERGIBT ETWA 1 L

- 4 Tassen Erdbeeren
- 1 ½ Tassen leichten Weißwein (etwa Pinot Grigio, Sauvignon Blanc oder ein anderer trockener Weißwein)
- 1 ½ Tassen Kombucha (ohne Zusatz oder mit Ingwer))
- Süßungsmittel nach Belieben

Die Erdbeeren entsaften. Den Saft in einem Krug mit Weißwein und Kombucha mischen und gut durchrühren. Wenn nötig, mit Stevia (oder einem anderen gewünschten Süßungsmittel) süßen. Gut gekühlt auf Eis servieren.

EXTRA-SCHUB
Mischen Sie 1 Esslöffel Aroniasaft unter, das erhöht den Gehalt an Antioxidantien.

BLUTORANGE-
SANDDORN-MIMOSA

Blutorangen mit ihrer ansprechend rubinroten Farbe lassen Mimosas ganz besonders aussehen, und Sanddornsaft verleiht der Mischung ein feines Honigaroma. Sanddorn bietet einen zusätzlichen Bonus: Nährstoffe gegen Hautalterung. Wenn gerade keine Blutorangen-Saison ist, nehmen Sie einfach eine andere Orangensorte, etwa Valencia (den Geschmack wird dies nicht beeinflussen).

ERGIBT ETWA 1 L

6 mittelgroße Blutorangen, geschält

2 EL Sanddornsaft

2 Tassen Sekt, eisgekühlt

Die Blutorangen entsaften und den frischen Saft mit dem Sanddornsaft mischen. Sektgläser zur Hälfte mit dem Saft füllen. Dann mit Sekt auffüllen.

EXTRA-SCHUB
1 Teelöffel Maquipulver in die Saftmischung rühren.

MANGOSTANE-PFIRSICH-SAKE-SANGRIA

Sake nimmt Aromen bemerkenswert gut an, was ihn zur idealen Basis für die leicht süßen und floralen Eigenschaften von Mangostane und Pfirsich macht. Die Verwendung von tiefgekühlten statt frischen Pfirsichen gibt diesem Cocktail einen noch fruchtigeren Geschmack.

ERGIBT ETWA 2 L

2 Tassen tiefgekühlte Pfirsiche

700 ml kalter Sake (Reiswein)

475 ml Kombucha mit Ingwer-
geschmack

⅓ Tasse Mangostanesaft

Süßungsmittel nach Belieben
(optional)

Die Tiefkühlpfirsiche, Sake, Kombucha und Mangostanesaft in einem Krug mischen. 1 bis 2 Stunden in den Kühlschrank stellen oder so lange, bis die Pfirsiche ganz aufgetaut und weich sind. Wenn nötig, mit Stevia (oder einem anderen gewünschten Süßungsmittel) süßen. Gut gekühlt auf Eis servieren.

EXTRA-SCHUB
¼ Tasse getrocknete Gojibeeren zu den Tiefkühlfrüchten geben.
Sie werden schön dick, wenn sie eine Stunde
in der Sangria einweichen konnten.

HONIGMELONE-WEIZENGRAS-MARGARITA

Diese Margarita ist fast ein wenig „zu gut", wenn Sie verstehen, was ich meine. Sie spendet Feuchtigkeit, erfrischt, ist von Natur aus süß und „heimlich" vollgepackt mit entgiftendem Weizengraspulver (worauf Sie nie kommen würden). Wenn Sie ein Mixgetränk bevorzugen, können Sie vorab Kokoswasser in einem Eiswürfelbehälter einfrieren und „Kokoseis" herstellen. Verwenden Sie dies statt der üblichen Eiswürfel. So verwässert Ihr Drink nicht, wenn das Eis schmilzt.

ERGIBT ETWA 1 L

½ Honigmelone, Kerne und Schale entfernt

1 TL frische Limettenschale

1 Limette, ausgepresst

1 Tasse Kokoswasser

1 TL Weizengraspulver

120 ml weißer Tequila

Eis

Die Melone entsaften. Den frischen Saft in einen Mixer gießen. Limettenschale, Limettensaft, Kokoswasser, Weizengraspulver und Tequila dazugeben und gut durchmixen. Auf Eis oder mit Eis gemixt servieren. Mit einer Limettenspalte und etwas zusätzlicher Limettenschale garnieren.

WISSEN ZUM WOHLFÜHLEN

Als einer der wichtigsten Lieferanten von Chlorophyll neutralisiert Weizengras Giftstoffe im Körper und hilft bei der Leberreinigung.

GRÜNKOHL-MARTINI

Diese flotte kleine grüne Nummer ist nicht nur gut für Gesundheitsapostel, sie kann es auch locker mit sehr anspruchsvollen Drinks aufnehmen. Agavendicksaft sorgt für einen ausgeglicheneren Geschmack; wenn Sie Zucker und Kalorien noch reduzieren möchten, ist Stevia-Extrakt ein guter Ersatz für den Dicksaft (oder einen Teil davon).

ERGIBT ETWA 350 ML (4 MARTINIS)

6 Grünkohlblätter

2 Gurken

Eiswürfel

2 Limetten, ausgepresst

¼ Tasse Agavendicksaft

120 ml Wodka

Gurkenscheiben oder Baby-Grünkohlblätter zum Garnieren

Grünkohl und Gurken entsaften. Den Saft in einen mit Eiswürfeln gefüllten Mixbecher gießen. Limettensaft, Agavendicksaft und Wodka dazugeben. 30 Sekunden rühren, dann abseihen und in Martini-Gläser füllen. Mit Gurkenscheiben oder Baby-Grünkohlblättern garnieren.

EXTRA-SCHUB
Geben Sie ein paar Tropfen Chlorella-Extrakt dazu, das erhöht den Chlorophyllgehalt des Safts und intensiviert seine grüne Farbe.

TEIL DREI

EXTRAS

SUPERFOOD-ERSATZMÖGLICHKEITEN

Jedes einzelne Superfood hat zwar ein eigenes, besonderes Nährstoff-Spektrum, doch Saftrezepte sind außerordentlich großzügig, wenn es darum geht, einzelne Zutaten durch andere zu ersetzen. Die Ergebnisse mögen von Rezept zu Rezept variieren. Passen Sie Menge und Aroma der Zutaten Ihrem Geschmack an. Beachten Sie bitte, dass manche der Ersatzmöglichkeiten keine Superfoods sind.

SUPERFOOD		ERSATZ
Acaipulver	=	Maquipulver (die halbe Menge nehmen)
Aroniasaft	=	ungesüßter, reiner Cranberrysaft
Klettenwurzel	=	weglassen
Kakaopulver, roh	=	Kakaopulver, geröstet
Camupulver	=	weglassen
frisches grünes Gemüse	=	grünes Gemüse, tiefgekühlt
Hanfsamen	=	unbehandelte Sonnenblumenkerne
Lucumapulver	=	Hafermehl (oder weglassen)
Mangostanesaft	=	Pfirsichsaft
Nonisaft	=	weglassen
Granatapfelsaft	=	Cranberrysaft
Sanddornsaft	=	Orangensaft (mindestens doppelte Menge nehmen)
Spirulina-Pulver	=	Chlorella-Pulver (die halbe Menge nehmen) oder weglassen
Erdbeeren	=	Himbeeren
Weizengras	=	frische Petersilie (kleine Handvoll)

UMRECHNUNGSTABELLEN

FESTE ZUTATEN (Gewicht üblicher Zutaten in Gramm)

ZUTAT	1 TASSE	¾ TASSE	⅔ TASSE	½ TASSE	⅓ TASSE	¼ TASSE	2 EL
Chiasamen	163 g	122 g	109 g	82 g	54 g	41 g	20 g
Obst und Gemüse, fein geschnitten	150 g	113 g	100 g	75 g	50 g	38 g	19 g
Gojibeeren	111 g	83 g	74 g	56 g	37 g	28 g	14 g
Nüsse, gehackt	150 g	113 g	100 g	75 g	50 g	38 g	19 g

Hinweis: Feste Zutaten, die in amerikanischen Rezepten in Volumenmaßen (Tassen) angegeben werden (wenn es sich um mehr als etwa 2 Esslöffel oder 1 Flüssigunze handelt), können mit der obigen Tabelle in Gewicht umgerechnet werden. Wenn Sie das Gewicht einer Zutat ermitteln müssen, die in der Tabelle nicht angegeben ist, messen Sie sie am besten mit einer traditionellen Messtasse ab und wiegen das Resultat dann auf einer metrischen Küchenwaage. Im Notfall können Sie sich an die Volumen-Umrechnungstabelle unten halten.

VOLUMEN-UMRECHUNG (für Flüssigketen)

AMERIKANISCHE MENGE	METRISCHES ÄQUIVALENT
1 Teelöffel	5 ml
1 Esslöffel oder ½ flüssig Unze	15 ml
¼ Tasse oder 2 flüssige Unzen	60 ml
⅓ Tasse	80 ml
½ Tasse oder 4 flüssige Unzen	120 ml
⅔ Tasse	160 ml
1 Tasse oder 8 flüssige Unzen	240 ml
1½ Tassen oder 12 flüssige Unzen	360 ml
2 Tassen oder 16 flüssige Unzen	480 ml
3 Tassen	720 ml

HÄUFIG GESTELLTE FRAGEN (FAQs)

Was ist der Unterschied zwischen einem Smoothie und einem Saft?

Smoothies sind Mixgetränke, die (hauptsächlich) aus ganzen Nahrungsmitteln gemacht werden. Ein Saft ist wie ein Smoothie, allerdings ohne Ballaststoffe. Beide haben ihre Vorteile: Smoothies sind oft sättigender und etwas schneller zuzubereiten, während in Säften mehr Mikronährstoffe konzentriert sind und sie sich besser zum Detox, der Reinigung von innen, eignen.

Wie viel Saft soll ich trinken (und wie viel ist „eine Portion")?

350 bis 475 ml Saft – das ist für die meisten Menschen die richtige Portionsmenge. Doch das kann variieren – je nach Größe, Stoffwechsel, dem Aktivitätsniveau, dem aktuellen Gesundheitszustand und auch nach der Art des Safts (beispielsweise verhält sich eine leichte Chia fresca auf Fruchtbasis anders als ein kompakter grüner Gemüsedrink). Achten Sie auf Ihre individuellen Bedürfnisse und darauf, wie Ihr Körper reagiert. Was für jemand anderen funktioniert, kann sich von dem unterscheiden, was für Sie funktioniert … und das ist mehr als okay.

Von einigen Superfoods habe ich noch nie etwas gehört (oder gesehen). Wo finde ich sie?

Die meisten Bioläden und Reformhäuser (und sogar ein paar konventionelle Supermärkte) verkaufen (nahezu) alle in diesem Buch angegebenen Superfood-Zutaten. Wenn Sie keinen Laden bei sich um die Ecke haben, der diese Produkte führt, können Sie sie ganz einfach und mühelos online bestellen. Auf Seite 226 finden Sie ein Verzeichnis.

Muss ich alle Produkte kaufen, die Sie in diesem Buch aufgelistet haben?

Absolut nicht. Ich stelle Ihnen hier eine sorgfältige Auswahl unglaublicher Superfoods vor. Daraus können Sie sich das Passende heraussuchen, sich zu neuen kulinarischen Abenteuern inspirieren lassen und gezielt Gesundheit und Wohlbefinden fördern. Denken Sie einfach daran, dass man mit bestimmten Superfoods eben bestimmte Gesundheitsziele anstreben kann und dazu nicht zu jeder Zeit alle vorgeschlagenen Superfoods verwenden muss. Konzentrieren Sie sich auf Superfoods mit den Vorzügen, die Ihnen am wichtigsten sind, und beginnen Sie mit den entsprechenden Säften. Probieren Sie dann vielleicht jeden Monat eine oder zwei neue Zutaten aus. Es ist sehr empfehlenswert, Zutaten im Wechsel einzusetzen. Wenn Ihnen ein Superfood fehlt, das Sie für ein Rezept brauchen, können Sie sich auch an der Tabelle mit möglichen Ersatzzutaten auf Seite 221 orientieren.

Was ist das beste Superfood, wenn man damit anfängt, frische Säfte mit einem „Extra-Schub" zu verstärken?

Ich empfehle hier immer frisches grünes Blattgemüse – vom Grünkohl bis zur Petersilie. Das sind erstklassige Superfoods; von denen sollten wir alle mehr konsumieren (und zwar in jeder Form, besonders aber in Säften). Abgesehen davon ist Weizengraspulver eine ideale „Starter"-Zutat für Superfood-Säfte. Sein milder Geschmack passt sich anderen Zutaten sehr gut an, und es erhöht sowohl den Nährwert als auch das Detox-Potenzial jeden Saftes.

Gibt es Möglichkeiten, bei den Kosten fürs Saftherstellen zu sparen?

Zugegeben, Saftherstellen ist nicht unbedingt die preiswerteste Beschäftigung, doch bedenken Sie, dass ein hausgemachter Saft – selbst mit allen Superfood-Zusätzen – normalerweise die Hälfte oder sogar nur ein Drittel dessen kostet, was man an einer Saft-Bar oder in einem Restaurant für einen frisch gepressten Saft bezahlen muss („außer Haus" meist zwischen 4 und 9 Euro). Bereiten Sie Säfte mit saisonalen Produkten zu, um die Kosten zu senken; kaufen Sie auf Wochenmärkten ein, und halten Sie online Ausschau nach Superfood-Vorratsangeboten. Der Anschaffungspreis mag Ihnen vielleicht ziemlich heftig erscheinen, aber Superfood-Spezialiäten, ob als Pulver oder Saftkonzentrat, reichen dank ihrer konzentrierten Nährstoffe und der kleinen Por-

tionsgrößen sehr lange (das heißt, für viele, viele Säfte!).

Legen wir unser Augenmerk mehr darauf, Nährstoffe statt Kalorien einzukaufen, dann sind Superfoods gar nicht so teuer, wie es scheint. Zum Beispiel müssten Sie mehr als acht Orangen kaufen (für etwa 3 – 4 Euro), um den Vitamin-C-Gehalt eines Teelöffels Camupulver (für etwa 0,43 Euro) aufzuwiegen.

Wie bewahrt man Superfoods am besten auf?

Frische Superfoods wie Grünkohl sollten im Gemüsefach des Kühlschranks gelagert werden. Auch Superfood-Samen wie Chia und Hanf halten sich länger, wenn sie im Kühlschrank aufbewahrt werden. Pulverisierte und getrocknete Superfood-Zutaten können an einem kühlen, trockenen Platz in der Küche stehen, wo sie keinem direkten Sonnenlicht ausgesetzt sind. Aber auch sie halten länger, wenn sie im Kühlschrank aufbewahrt werden (das gilt besonders für Acaipulver). Beachten Sie das Mindesthaltbarkeitsdatum auf der Produktverpackung.

Welchen Entsafter benutzen Sie?

Ich habe einen Breville Juice Fountain Duo (in Deutschland tragen die Breville-Entsafter den Firmennamen Gastroback, Anm.d.V.), den ich bei der Entwicklung sämtlicher Rezepte für dieses Buch benutzt habe. Auf den Seiten

46 – 47 finden Sie weitere Informationen über Entsafter.

Was mache ich mit all der Pulpe?

Wer regelmäßig Saft herstellt, weiß, dass dabei eine Menge faserige Masse – „Pulpe" – anfällt, die nach dem Entsaften übrigbleibt. Diese lässt sich zum Kochen verwenden, und normalerweise hält sie sich ein paar Tage im Kühlschrank. Geben Sie etwas davon als zusätzliche Ballaststoffe in Smoothies oder Suppen, mischen Sie ein paar Löffel in Backwaren, um ihnen mehr Feuchtigkeit zu verleihen. Sie können die Pulpe auch mit Nüssen und Saaten mischen und bei niedriger Temperatur zu „Crackern" backen.

Meine Lieblingsverwendung für Pulpe? Kompost. Saftpulpe ergibt unglaublich guten Kompost, weil es sich dabei um bereits aufgeschlossenes Pflanzenmaterial handelt, und mir gefällt der Gedanke, dass dieses Material früher oder später wieder ein Teil meines häuslichen Gemüsegartens wird. Ich persönlich finde auch, dass sich der Verzehr der Pulpe vom ernährungsphysiologischen Standpunkt nicht so ganz mit dem Entsaften verträgt. Wenn man sich erst die Mühe macht, eine Karotte zu entsaften, mit der Pulpe dann Cracker backt und diese isst ... warum isst man dann nicht gleich die ganze Karotte und spart sich den Aufwand? (Abgesehen von einer lustigen kulinarischen Erfahrung natürlich.) Ob Sie Ihre Pulpe nun also beim Kochen oder in den Boden einarbeiten, in beiden Fällen machen Sie nichts verkehrt.

BEZUGSQUELLEN FÜR DEUTSCHLAND, ÖSTERREICH UND SCHWEIZ

ZUTATEN

Ein kurzer Anruf bei Ihrem nächsten Naturkostladen kann die Frage beantworten, ob das Produkt, nach dem Sie suchen, in Ihrer Nähe erhältlich ist. Einige Läden werden auch gern eine Sonderbestellung aufgeben; weitere Möglichkeiten sind Asia-, Bio- und Drogeriemärkte sowie Reformhäuser, Bauern-(Wochen-) Märkte, türkische und arabische Läden, gut sortierte Supermärkte etc.

www.bioverzeichnis.de/biolaeden.htm
www.biologisch.at
www.schrotundkorn.de
www.reformhaus.de/filialfinder.html
de.wikipedia.org/wiki/Biosupermarkt
www.biodukte.de
www.bionetz.ch

superfoodsmoothies.de: umfassendes Angebot an Superfoods mit vielen Informationen
authenticnutrients.de/supplements: Yacónstreifen, getrocknet, Acai-, Camu-, Gojibeeren, Lucuma, Maca u.v.m.
biosamara.ch: Kokoszucker, Carobpulver, Kokosöl, rohes Kakaopulver, Kakaobohnensplitter, Kakaobutter, natürliche Süße u.v.m.
GovindaNatur.de: umfassendes Angebot
hanfmilch.at: Hanfmilch und andere Zutaten
hanf-natur.com: Hanfprodukte und weitere Superfoods
iherb.com: alle von Julie Morris empfohlenen Produkte (Navitas Naturals)
inkanatural.com/de: Maca-, Acai-, Steviapulver u.m.
keimling.de: Küchengeräte, viele Superfoods, Gräser, Rohkost u.a.
medizinfuchs.de: getrocknete Cranberrys, Gojibeeren u. a.
myprotein.com: Spirulina, Chlorella, Weizengras, Gerstengras und mehr in Pulverform

naturpaket.de: Chlorella- und Spirulina-Tabletten, Kokos(blüten)zucker
raw-living.de: Superfoods, Algen, Sprossen, Rohkakao u.v.m.
reformhausshop24.de: Kokosöl, Trockenfrüchte, Nuss- und Mandelmilch, Getreide, Mehle, verschiedene Saaten/Samen u.v.m.
reformhaus-shop.de: Hanfsamen, Kokosöl, Cranberrys, Gojibeeren, Mandelmus, Mandelmilch, Acaipulver und -saft, Chiasamen, Chlorella-Tabletten, verschiedene Säfte
rohschoko.de: alles rund um rohe Schokolade und Kakao, aber auch Maca-, Lucuma-, Vanillepulver, Kokosmus und -zucker
schafschoki.de/shop: Stevia, Mandelmilch, Weizengraspulver und weiteres
stevia-pura.de: alle möglichen Stevia-Produkte
topfruits.de: Algen, Säfte und Beeren, Keimsaaten, Nüsse, Trockenfrüchte (Datteln, Maulbeeren, Feigen usw.)
veganactive.de: u. a. gekeimter Leinsamen als Pulver
veganz.de: umfassendes Angebot
vitanatura.de: Weizen-, Gerstengraspulver, Acaipulver, Trockenfrüchte und mehr
zentrum-der-gesundheit.de/online-shop.html: Superfoods, Küchengeräte und mehr

KÜCHENGERÄTE (AUSWAHL)

CUISINEART: Mixer mittlerer Güteklasse
Internet: Cuisineart.com
GLASS DHARMA: wiederverwendbare Glastrinkhalme
Internet: Glassdharma.com
GASTROBACK: Entsafter u. a. Küchengeräte
Internet: gastroback.de
VITAMIX: Hochgeschwindigkeitsmixer
Internet: Vitamix.com sowie keimling.de

Die Angaben auf dieser Seite wurden vom Verlag für die deutschsprachige Ausgabe zusammengestellt. Diese Auswahl versteht sich als Hinweis ohne Haftung oder Gewähr für die Inhalte der Links. – Aktuelle Infos auch unter www.superfood-kueche.de

„A randomized, double-blind, placebo-controlled clinical study of the general effects of a standardized Lyciumbarbarium (Goji) juice, GoChi". *ncbi.hlm.nih.gov.* National Center for Biotechnology Information, May 2008.

Bittman, Mark: *Leafy Greens.* New York, NY: Macmillan, 1995.

Clum, Dr. Lauren und Snyder, Dr. Mariza: *The Antioxidant Counter.* Berkley, CA: Ulysses Press, 2011.

Coates, Wayne, Ph.D.: *Chia: The Complete Guide to the Ultimate Superfood.* New York, NY: Sterling, 2012.

Davis, Brenda, RD, und Vesanto, Melina, MS, RD, und Rynn, Berry: *Becoming Raw: The Essential Guide to Raw Vegan Diets. Summertown,* TN: Book Publishing Company, 2010.

Hardy, Connie: „Aronia Berries Profile". AGMRC.org. Agricultural Marketing Resource Center, Juni 2012.

Ley, Beth M., Ph.D.: *Maca: Adaptogen and Hormonal Regulator.* Detroit Lakes, MN: BL Publications, 2003.

„Maca". *mskcc.org.* Memorial Sloan Kettering Cancer Center, April 2013.

„Mangosteen". *mskcc.org.* Memorial Sloan-Kettering Cancer Center, May 2013.

„Noni: Science and Safety". *nccam.nih.gov.* National Center for Complementary and Alternative Medicine, April 2012.

„Omega 7: The new superstar fatty acid". *Timespub.com.* Times Publishing Newspapers, Februar 2013.

Page, Linda, Ph.D.: *Linda page's 12th Edition Healthy Healing: A Guide to Self-Healing for Everyone.* Healthy Healng, Inc., 2004.

„Phytochemicals and Cardiovascular Disease". *heart.org.* American Heart Association, Mai 2013.

„Pomegranate Ellagitannin-Derived Compounds Exhibit Antiproliferative and Antiaromatase Activity in Breast Cancer Cells In vitro". *cancerpreventionresearch.aacrjournals.org.* American Association for Cancer Prevention Research. Juli 2009.

„Prostate Cancer, Nutrition, and Dietary Supplements". *cancer.gov.* National Cancer Institute.

Raloff, Janet: „Chocolate as Sunscreen", sciencenews.org. *Science News,* Juni 2006.

Raloff, Janet: „Prescription Strength Chocolate, Revisited". *sciencenews.org.* Science News, Februar 2006.

„Strawberries, blueberries can boost a woman's heart health: study". *nydailynews.com.* New York Daily News, Januar 2013.

„Strawberries Can Help Protect Skin From UVA Rays". *medicalnewstoday.com.* Medical News Today, August 2012.

Tahseen, Ismat: „Eat purple cabbage for great skin". *Indiatimes.com.* The Times of India, Februar 2013.

„The Best Antioxidants and Superfoods". *oracvalues.com.* ORAC Values.

Vartan, Starre: „Discovered. Indian spice reduces Alzheimer's symptoms by 30%". *MNN.com.* Mother Nature Network, Juli 2010.

„Vitamin C and Skin Health". Linus Pauling Institute at Oregon State University. http://lpi.oregonstate.edu/infocenter/skin/vitaminC/index.html

Vozzola, Lauren: „Purslane: A weed worth eating". *Chicagotribune.com.* The Chicago Tribune, 2013.

„Watercress: Anti-Cancer Superfood". *medicalnewstoday.com.* Medical News Today, Februar 2007.

Wolfe, David: *Superfoods: The Food and Medicine of the Future.* Berkley, CA: North Atalantic Books, 2009.

Zeb, Alam. „Chemical and Nutritional Constituents of Sea Buckthorn Juice". *pjbs.org.* Pakistan Journal of Nutrition, 2004.

Zelman, Kathleen M., MPH, RD, LD: „The Truth About Kale: Nutrition, Recipe Ideas, and More". *webMD.com.* WebMD, 2010.

DANK

Ich schätze mich unendlich glücklich, dass ich von einem so starken, gutgelaunten und talentierten Team von Freunden, lieben Menschen und Mitarbeitern umgeben bin, die mir gemeinsam geholfen haben, dieses Buch zu etwas ganz Besonderem zu machen.

Ein ganz großes Dankeschön geht an Oliver Barth dafür, dass er diese Seiten mit seinen atemberaubenden (und überaus appetitanregenden) Fotos zum Leben erweckt hat. Die Liebe, die er in jedes Foto gelegt hat, strahlt daraus hervor, und ich denke von Herzen gern an die Zeit, die ich mit Dir, Oliver, verbracht habe, als sie entstanden sind.

Danke auch an Mom, Dad und Nama, an meine wunderbare Familie, dafür, dass sie vom ersten Tag an einen Sinn für Kreativität in mir geweckt haben. Es ist Euer Verdienst, dass ich heute die Worte „Arbeit" und „Traum" im gleichen Atemzug nennen kann. Eure Unterstützung und Liebe bedeutet mir so viel.

Und wo wir schon bei Träumen sind, ich danke Euch und Ihnen, dem Inbegriff eines „Dream Team", beim Verlag Sterling, dafür, dass Sie dieses Projekt so wunderschön haben werden lassen. Danke an Jennifer Williams, die sich so wunderbar um die Worte auf diesen Seiten

gekümmert hat. Ich schätze mich glücklich, sie als meine Lektorin nennen zu können, und bewundere sie. Danke an Christine Heun für das makellose Layout, das dieses Buch schmückt. Danke an Elizabeth Mihaltse für ihr Talent und die Sorgfalt, mit der sie ein so verführerisches Cover geschaffen hat. Und danke an Kim Marini dafür, dass sie dieses Schiff gesteuert und auf Kurs gehalten hat!

Danke an Marilyn Allen für die ständige Beratung und die Wärme, die mit ihr einherging.

Danke an Carolyn Pulvino und Judy Alexander, die Rockstars des Designs. Sie haben so perfekte (!) Symbole geschaffen, die jeder einzelnen Rezeptseite dieses Buches einen besonderen Touch verleihen.

Danke an Wes Crain und den Rest meiner Superfood-Familie bei Navitas Naturals dafür, dass sie mir die Ehre erwiesen haben, mit den besten Produkten der Welt zu arbeiten, und zwar gemeinsam mit den besten aller Leute.

Und schließlich ein großes Dankeschön an meine Nachbarn und Freunde, die meine Säfte probiert und mir ihr ehrliches Feedback gegeben haben – und natürlich ihr Lachen und ihre Liebe.

Das beste Team aller Zeiten.

SÄFTE UND IHRE WIRKUNGEN

SCHNELLE ERHOLUNG & NEUSTART

REINIGEN & ENTGIFTEN

SCHLANKHEIT & SPANNKRAFT

KRAFT & AUSDAUER

INDEX

ÜBER DIE AUTOREN

Julie Morris ist Bio-Küchenchefin und Botschafterin vollwertiger pflanzlicher Nahrungsmittel und Super-foods. Sie lebt und arbeitet in Los Angeles. Die Autorin der Bestseller *Das Buch der Superfood Smoothies* und *Die Superfood Küche* hat rund zehn Jahre als Rezept-entwicklerin, Autorin, Kochshow-Gastgeberin und Sprecherin in der Bio-Nahrungsmittelindustrie gear-beitet. Heute ist sie die leitende Küchenchefin in einem Fair-Trade-Unternehmen, das sich auf rein pflanzliche Superfoods spezialisiert hat. Ihre Mission ist einfach: Rezepte und Ernährungstipps zu verbreiten, die es leicht machen, einen pulsierenden gesunden Lebensstil auszuprobieren, zu entwickeln und ihm mit Vergnügen stetig weiterzuverfolgen. Mehr über Julie Morris und Su-perfoods finden Sie unter juliemorris.net.

Photo: Oliver Barth

Der Fotograf **Oliver Barth** ist in Berlin geboren und aufgewachsen. Barth geht es in seiner Arbeit darum, die natürliche Schönheit des Lebens in zeitlosen Bildern einzufangen. Er lebt in Los Angeles, Kalifornien. Mehr über Oliver Barth finden Sie unter ilovefoodphotography.com.

Photo: Steve Bonini

MEHR VON JULIE MORRIS

Das Buch der
SUPERFOOD SMOOTHIES
100 Rezepte für leckere Powerdrinks

Deutsche Erstausgabe.
Schöne Ausstattung, durchgängig farbig,
viele Abbildungen, mit Schutzumschlag
und Lesebändchen.
ISBN 978-3-86826-130-1

Alles über köstliche und gesunde
Smoothies. Tolle Rezepte, Tricks und
Tipps von und mit Julie Morris.
Das fantastische Smoothie-Buch.

DIE SUPERFOOD KÜCHE
Das Beste aus der Natur
für Ihre Küche

Deutsche Erstausgabe.
Schöne Ausstattung, Großformat, durch-
gängig farbig, viele Abbildungen, mit
Schutzumschlag und Lesebändchen.
ISBN 978-3-86826-129-5

Alles Wissenswerte für die Superfood-Küche. Coole Rezepte für
alle Anlässe und Tageszeiten.
Das erfolgreiche Allround-Buch.

SUPERFOOD SÄFTE
100 Rezepte für leckere
Powersäfte

Deutsche Erstausgabe.
Schöne Ausstattung, durchgängig farbig,
viele Abbildungen, mit Schutzumschlag
und Lesebändchen.
ISBN 978-3-86826-135-6

Genussvolle, lustvolle „Saftkraft"
zur Reinigung und Entgiftung,
für Schönheit, Anti-Aging,
Erholung und vieles Gute mehr.

KÖNIGSFURT – URANIA